A PSICOLOGIA TRANSPESSOAL

Marcia Tabone

A PSICOLOGIA TRANSPESSOAL

*Introdução à nova visão
da Consciência
em Psicologia e Educação*

EDITORA CULTRIX
São Paulo

Todos os direitos reservados. Nenhuma parte deste livro pode ser reproduzida ou usada de qualquer forma ou por qualquer meio, eletrônico ou mecânico, inclusive fotocópias, gravações ou sistema de armazenamento em banco de dados, sem permissão por escrito, exceto nos casos de trechos curtos citados em resenhas críticas ou artigos de revistas.

O primeiro número à esquerda indica a edição, ou reedição, desta obra. A primeira dezena à direita indica o ano em que esta edição, ou reedição foi publicada.

Edição	Ano
8-9-10-11-12-13-14-15	08-09-10-11-12-13-14

Direitos reservados
EDITORA PENSAMENTO-CULTRIX LTDA.
Rua Dr. Mário Vicente, 368 – 04270-000 – São Paulo, SP
Fone: 6166-9000 – Fax: 6166-9008
E-mail: pensamento@cultrix.com.br
http://www.pensamento-cultrix.com.br

A todos aqueles que inconformados com as limitações se lançam contra as barreiras em busca de horizontes mais amplos.

Sumário

APRESENTAÇÃO, Luís Pellegrini 11
PREFÁCIO, Professor Pierre Weil.. 15
INTRODUÇÃO `a Nova Edição.. 17

Capítulo I
CONTEXTO CULTURAL, MUDANÇAS E AS NOVAS DIREÇÕES EM CIÊNCIA

1. UMA CULTURA EMERGENTE................................... 23
2. NOVAS DIREÇÕES EM CIÊNCIA............................... 27
   2.1. A Pesquisa do Cérebro e a Consciência.................... 29
   2.2. A Física Moderna e a Percepção da Realidade 33
   2.3. As Drogas Psicodélicas na Pesquisa da Consciência.. 37

Capítulo II
A ESTRUTURA HOLÍSTICA DA CONSCIÊNCIA

1. NÍVEIS DE CONSCIÊNCIA — CONCEITUAÇÃO... 45
2. A CARTOGRAFIA DA CONSCIÊNCIA PROPOSTA POR STANISLAV GROF 53
   2.1. Nível Abstrato e Estético 54
   2.2. Nível Psicodinâmico 54
   2.3. Nível Perinatal e Início das Experiências Transpessoais 55
   2.4. Nível Transpessoal 56
3. A CARTOGRAFIA DA CONSCIÊNCIA PROPOSTA POR ROBERT S. DE ROPP 65
   3.1. O Sono sem Sonhos 67
   3.2. O Sono com Sonhos 67
   3.3. O Sono Acordado (Identificação) 68
   3.4. A Transcendência do Eu (Consciência de Si Mesmo) 68
   3.5. A Consciência Cósmica (Consciência Objetiva) 69
4. A CARTOGRAFIA DA CONSCIÊNCIA PROPOSTA POR JOHN LILLY 71
5. A CARTOGRAFIA DA CONSCIÊNCIA PROPOSTA POR ROBERTO ASSAGIOLI 77
   5.1. O Inconsciente Inferior 79
   5.2. O Inconsciente Médio 80
   5.3. O Inconsciente Superior ou Superconsciente 80
   5.4. O Campo da Consciência 80
   5.5. O "Eu" Consciente ou "Self" Pessoal 80
   5.6. O "Eu" Superior ou "Self Transpessoal" 81
   5.7. O Inconsciente Coletivo 81
6. A CARTOGRAFIA DA CONSCIÊNCIA PROPOSTA POR KEN WILBER 83
   6.1. Nível do Ego 86
   6.2. Nível Existencial 87
   6.3. Nível Transpessoal 88
   6.4. Nível da Mente (Unidade) 89
7. CONCLUSÃO 91

Capítulo III
PSICOTERAPIA DE ORIENTAÇÃO TRANSPESSOAL

1. ORIGENS 97
2. PSICOTERAPIA HUMANISTA E PSICOTERAPIA
   TRANSPESSOAL 101
3. PSICOTERAPIA TRANSPESSOAL 105
4. RECURSOS TÉCNICOS EM PSICOTERAPIA
   TRANSPESSOAL 111
   4.1. O Trabalho com Sonhos 112
   4.2. O Trabalho com Meditação 116
   4.3. O Trabalho com Símbolos 122
5. SISTEMAS PSICOTERAPÊUTICOS ESPECÍFICOS .. 125
   5.1. A Terapia da Quaternidade 125
   5.2. O Curso dos Milagres 128
   5.3. A Hiperventilação 129
   5.4. A Psicossíntese 132
   5.5. Meditação Interpessoal 134
   5.6. Terapia Terminal 137

Capítulo IV
CONSIDERAÇÕES FINAIS

1. SÍNTESE DAS IDÉIAS BÁSICAS DA PSICOLOGIA
   TRANSPESSOAL 145
   1.1. A Psicologia Transpessoal como uma das
        Manifestações do Paradigma Emergente 145
   1.2. A Psicologia Transpessoal é uma Abordagem
        "Integradora" dos Principais "Insights" das Escolas
        Psicológicas Ocidentais e das Disciplinas da Tradição
        Esotérica 146
   1.3. A Psicologia Transpessoal Desenvolve a Tarefa de
        Integrar o Sistema Conceitual da Ciência
        Contemporânea à "Busca Espiritual" das Tradições
        Esotéricas 148

2. AS PRINCIPAIS CONTRIBUIÇÕES DA PSICOLOGIA
TRANSPESSOAL PARA A PSICOTERAPIA.............. 151
   2.1. A Visão Holística da Psicoterapia — A Concepção
        do Universo, do Homem, da Saúde, da Doença
        e da Cura 151
   2.2. A Psicoterapia Transpessoal: Conteúdo, Contexto e
        Processo 153
   2.3. Apreciações Críticas dos Sistemas Apresentados
        como Específicos do Nível Transpessoal no
        Capítulo III 154
3. POSICIONAMENTO PESSOAL 159

BIBLIOGRAFIA 163

Apresentação

Luís Pellegrini

A análise e projeção no futuro das tendências que, em nível mundial, caracterizam o atual momento histórico, produzem diagnósticos alarmantes. Se muitas dessas tendências não forem urgentemente revertidas ou mesmo eliminadas (explosão populacional, poluição do meio ambiente, proliferação dos armamentos nucleares, para citar apenas algumas), nossa civilização corre o risco praticamente certo de chegar ao ponto da exaustão e do colapso. Para que isso não aconteça, grandes mudanças devem ser feitas, tanto na área individual quanto na social e na planetária. E qualquer providência nesse sentido depende exclusivamente de nós, pois o futuro será a partir dos pensamentos, das palavras e das ações de cada um de nós.

Todos desejamos que essas mudanças para melhor realmente aconteçam. Mas nossa capacidade volitiva é determinada pelas circunstâncias ambientais (externas ou internas) nas quais nos encontramos. Circunstâncias que, cada vez mais caóticas e desumanizadas, limitam o leque de nossas opções. Em conseqüência, a importância da escolha deliberada e a sua origem, a consciência humana, tornou-se crítica.

A maioria dos especialistas engajados na novíssima ciência da futurologia afirmam que os graves problemas com os quais nos defrontamos não podem ser superados sem que se produzam mudanças revolucionárias no contexto da própria humanidade, tanto no plano do indivíduo quanto no da coletividade. Podemos, no entanto, depositar esperança numa rápida alteração dos atuais padrões do caráter humano, de maneira a produzir indivíduos e sociedades mais sadios, assentados em estilos de vida mais pacíficos e organizados? Tal esperança será irreal se persistirmos, com óptica obtusa, na defesa da postura materialista moderna, obcecada pela gana de conquista material, com todos os seus valores de tecnologia, progresso, consumo desenfreado, poluição e destruição dos recursos naturais. O caminho da preservação da vida é, hoje, sobretudo um problema de consciência. E como consciência é um fenômeno que se processa no interior do homem, é justamente em seu interior que devemos trabalhar — com afinco e urgência — para daí extrair as soluções.

A percepção cada vez mais clara desse urgente estado de coisas invadiu, nas últimas décadas, todas as áreas do conhecimento humano ocidental, as ciências, as artes, as religiões e as filosofias. O ciclo do paradigma racionalista, fragmentador e separador — a cujos excessos deve ser debitada boa parte dos problemas que hoje vivemos — parece estar chegando ao fim. Uma nova concepção da vida e do mundo surgiu, e está sendo estruturada, assumindo a cada dia contornos mais definidos. Assistimos ao nascimento de um novo paradigma, e um dos seus nomes de batismo é "*holismo*" (do grego *holos*, totalidade). Trata-se de uma concepção sistêmica da vida e do mundo, baseada na consciência do estado de inter-relação e interdependência essencial de todos os fenômenos — físicos, biológicos, psicológicos, sociais, culturais e espirituais.

É preciso, contudo, por questão de justiça, lembrar que essa concepção holística ou sistêmica só é nova no âmbito do chamado conhecimento oficial do Ocidente. Ela já era conhecida e desenvolvida, de forma velada ou explícita, pelas grandes escolas da tradição ocultista ocidental, tais como a alquimia, a cabala e a astrologia. Quanto às civilizações orientais, pode-se afirmar que elas estão completamente estruturadas dentro da concepção sistêmica. Basta dizer que, na sua quase totalidade, as grandes filosofias que essas civilizações desenvolveram, como o hinduísmo, o taoísmo chinês, o budismo e o zen-budismo, propõem como axioma de base a idéia de que tudo é *"vivo"*, desde a menor partícula do átomo até Deus. E que a essência *"vital"* de todas as formas criadas é exatamente a mesma. As doutrinas arcaicas da Índia chegam mesmo a admitir a existência de um intercâmbio perpétuo entre os seres: "*A matéria evolui em direção ao espírito através dos reinos da natureza e das raças humanas*".

A psicologia transpessoal, como veremos neste trabalho de Marcia Tabone, é filha direta do enfoque holístico da realidade. Ao considerar os diferentes níveis ou estados da consciência acessíveis ao homem, e a inter-relação da consciência humana com todos os demais aspectos da vida, da natureza e do cosmos, ela nos retira do âmbito estreito a que fomos relegados pela concepção mecanicista cartesiana, ampliando os limites do homem psicológico para além das fronteiras que, antes, só eram alcançadas pela arte e pela religião.

A autora, por outro lado, demonstra que a psicologia transpessoal, longe de ser um sistema psicológico amarrado e cristalizado, deve ser entendida muito mais como um *movimento* em permanente processo de expansão. Seu objeto primordial de estudo é a consciência humana, que não pode ser reduzida a limites nem ser captada em sua totalidade. Mas que, apesar disso, ou talvez exatamente por isso, é o fio condutor sem começo nem fim que nos guiará de forma segura através do labirinto em que nos encontramos.

Iniciativa pioneira no Brasil no âmbito da Universidade, e escrito com exemplar preocupação de síntese, clareza e didatismo, este trabalho de Marcia Tabone será, sem dúvida, um guia de extrema utilidade para os profissionais e leigos da psicologia que ambicionam um salto qualitativo em seus conhecimentos. Bem como para todos aqueles leitores que, como afirma Edgar Morin em O *paradigma perdido*, já suspeitam que "*o que está hoje a morrer não é a noção de homem, mas sim a noção insular do homem, separado da natureza e da sua própria natureza; o que deve morrer é a auto-idolatria do homem, a maravilhar-se com a imagem pretensiosa de sua própria racionalidade*".

Prefácio

Prof. Pierre Weil

Há, nas organizações universitárias, certos eventos marcantes que constituem o sinal do início de uma profunda revolução na ciência e, mais particularmente, na epistemologia.

De fato, estamos em plena revolução científica, caracterizada por uma mudança de paradigma; o velho paradigma newtoniano-cartesiano, cuja lógica provocou um progresso enorme nos domínios da Macrofísica, da Biologia e mesmo da Psicologia, se revela como expressão de uma verdade parcial e reducionista. Tanto a Macrofísica quântica como a Psicologia Transpessoal apontam-nos uma nova forma de realidade e fazem surgir um novo paradigma, o paradigma holístico, que está a exigir uma nova lógica.

O antigo paradigma levou a uma conceptualização fragmentada do conhecimento, com conseqüências desastrosas para a própria sobrevivência da humanidade.

Entre os eventos marcantes dessas mudanças, há nas universidades de todo o mundo o surgimento, ainda que esporádico, de teses que assinalam os trabalhos realizados nesse campo.

No Brasil, em Psicologia, tivemos a tese de Adelaide Lessa sobre precognição, dirigida pelo Professor Arrigo Angelini, na Universidade de São Paulo. E agora, Marcia Tabone apresenta-nos este primoroso livro, também fruto de uma tese de mestrado apresentada na Pontifícia Universidade Católica de São Paulo.

Profissional da Psicoterapia, Marcia Tabone resolveu integrar a dimensão transpessoal no seu trabalho, pois sabia desde cedo, por experiência própria, que a mente é uma espécie de campo que ultrapassa de longe o cérebro e se encontra tão integrada na mente universal quanto o são as ondas e o mar: podemos separar as ondas do mar?

Como professora de Universidade, ela não podia se contentar com a simples aplicação dos seus conhecimentos; sabedora de que o homem é um ser em plena evolução, ela resolveu aprofundar os aspectos teóricos da terapia transpessoal, submeter esse estudo à crítica universitária e, depois, compartilhar suas conclusões com o público, sob a forma de livro.

Nele o leitor encontrará uma excelente sinopse do estado atual dos estudos da Psicologia Transpessoal em geral, fornecendo assim uma base teórica sólida para uma explanação dos principais métodos da terapia transpessoal propriamente dita.

Estamos certos de que o livro interessará a todos os que querem ultrapassar os limites demasiado estreitos das diferentes especializações dentro ou fora da Psicologia.

A descoberta, dentro de nós mesmos, do verdadeiro sentido da nossa existência nesta terra, confunde-se com o verdadeiro sentido da vida. A Psicologia Transpessoal e o presente livro constituem uma contribuição essencial para fornecer ao homem instrumentação metodológica para chegar a isto; e quando tal se dá através da vivência transpessoal, reina a paz interior, a verdadeira liberdade; o homem então se torna um verdadeiro magneto, irradiando em torno de si beleza, verdade e amor.

Introdução
à Nova Edição

Quando fiz a escolha da Psicologia Transpessoal como tema de pesquisa, tinha em mente a preocupação objetiva em desenvolver uma abordagem científica da prática da psicoterapia com orientação transpessoal. Por outro lado, para além da objetividade, a função intuição me conduzia a uma motivação mais profunda apoiada na visão futura de que uma grande transformação estava ocorrendo no campo psicológico e eu estava naquele momento de modo solitário preparando-me para contribuir na sua comunicação.

E, por formação acadêmica e por opção profissional, atuo na área da psicologia clínica, porém muito antes de obter tal qualificação, já me preocupava em compreender em meu próprio processo de individuação o significado de experiências nas quais pude vivenciar fenômenos como: telepatia, precognição, experiência extracorpórea, clarividência, viagens no tempo e espaciais, identificação com outras pessoas, etc.

As escolas psicológicas em geral não têm valorizado como foco vastas áreas do psiquismo humano associadas à dimensão transpessoal como as experiências altamente criativas e/ou curativas que transcendem os limites do ego e da consciência usual.

Fica cada vez mais evidente que o modelo científico que fundamenta a Psicologia convencional apoiado na causalidade é limitado diante das grandes mudanças culturais e científicas das últimas décadas. Limitado sobretudo para dar conta das necessidades humanas e dos problemas existenciais deste final de milênio como a patologia individual e coletiva da perda de sentido para a vida e a da percepção fragmentada da realidade.

A Psicologia Transpessoal surge em resposta à "inconsistência" como uma tentativa de integrar "novos **insights**", e novas contribuições na corrente principal das disciplinas comportamentais e da saúde mental do Ocidente introduzindo a "*consciência*" como princípio fundamental, uma vez que a compreensão através da "*razão*" não é mais suficiente para dar suporte ao novo paradigma emergente.

A Psicologia Transpessoal é uma abordagem recente e muito importante, que surgiu nos Estados Unidos nos anos 60, a partir de um movimento que se tornou conhecido como a "*quarta força*", em Psicologia, após o Behaviorismo, a Psicanálise e a Psicologia Humanista.

Seus estudos estão fundamentados e relacionados a várias áreas do saber e fornecem uma ampliação dos conhecimentos sobre o ser humano. Esses estudos e suas aplicações à psicoterapia encontram-se divulgados separadamente, em muitas publicações, que requerem uma reunião sistematizada.

Pelos motivos acima expostos, neste livro reunimos as principais contribuições de iniciadores e representantes da Psicologia Transpessoal, tais como Maslow, Sutich, Naranjo, Assagioli, Wilber, Grof e outros.

Como os primeiros representantes da Psicologia Transpessoal pertenceram anteriormente à Psicologia Humanista, sendo aquela considerada como um desdobramento histórico desta, julgo ser pertinente estabelecer comparações entre ambas, dando destaque às peculiaridades da primeira.

Considerando o fato de a Psicologia Transpessoal, além dos recursos próprios das psicoterapias em geral, utilizar-se também dos ensinamentos e práticas da tradição oriental, apresentamos alguns recursos técnicos que produzem efeitos terapêuticos e que possibilitam atingir metas transpessoais.

Resumindo as idéias acima expostas, no presente trabalho temos a preocupação em apresentar:

1. Síntese das idéias dos principais representantes da Psicologia Transpessoal.
2. Os principais recursos técnicos e sistemas terapêuticos específicos da abordagem transpessoal em psicoterapia.
3. Apreciação crítica e síntese dos principais pressupostos da Psicologia Transpessoal e de suas contribuições para a psicoterapia.

Quanto ao conteúdo dos capítulos, encontram-se desenvolvidos da seguinte maneira:

- O Capítulo I situa, historicamente, a Psicologia Transpessoal em seu contexto cultural e científico. Enfatiza as novas perspectivas da consciência provenientes da pesquisa do cérebro, Física Moderna e drogas psicodélicas.

- O Capítulo II introduz importante noção a respeito dos diferentes níveis de consciência, que amplia as concepções propostas pelas chamadas abordagens dinâmicas da Psicologia. Dentro dessa perspectiva, diferentes abordagens teóricas e práticas são válidas para determinados níveis de consciência e representam abordagens complementares e não contraditórias entre si.

- O Capítulo III apresenta as origens e o desenvolvimento da Psicologia Transpessoal e as comparações entre esta e a Psicologia Humanista. Os principais recursos técnicos e sistemas terapêuticos específicos da abordagem transpessoal em psicoterapia.

- O Capítulo IV, considerações finais, faz a análise crítica da Psicologia Transpessoal e de seus sistemas terapêuticos específicos a partir de uma articulação entre os vários capítulos, levando-se em conta os seus fundamentos teóricos e as implicações para a psicoterapia.

CAPÍTULO I

Contexto Cultural, Mudanças e as Novas Direções em Ciência

1
Uma Cultura Emergente

A década iniciada em 1960 caracterizou-se nos países ocidentais, particularmente nos Estados Unidos, como um período de intensas manifestações de caráter revolucionário político-cultural.

Marilyn Ferguson (1980), em sua obra "*A conspiração aquariana*", analisa detalhadamente o processo revolucionário da década e suas conseqüentes implicações nas áreas científica, filosófica, religiosa e social. Segundo Ferguson:

"Por certo, os anos sessenta assistiram a uma grande turbulência social, membros da classe média e da alta, especialmente, começaram a especular sobre uma nova sociedade. Forças históricas e sociais vigorosas estavam convergindo para criar o desequilíbrio que precede as revoluções. Os americanos estavam, de forma crescente, percebendo a impotência das insti-

tuições existentes — governo, escolas, medicina, negócios, igreja — em tratar coletivamente de problemas que se avolumaram." (p. 127)

Assim, as contínuas manifestações de oposição ao "*sistema*", características da época, e o frontal questionamento dos valores tradicionais da cultura ocidental levaram significativos segmentos sociais — médicos, educadores, industriais, políticos, cientistas, religiosos —, conscientes ou não, a criarem condições para o surgimento de uma cultura alternativa.

Ferguson, na obra citada, qualifica tais grupos como "*Conspiradores Aquarianos*" e afirma:

"Há legiões de conspiradores. Eles estão nas companhias, universidades e hospitais, nos corpos docentes de escolas públicas, nas fábricas e gabinetes médicos, em órgãos estaduais e federais, em conselhos municipais e no gabinete da Casa Branca, nas assembléias estaduais, em organizações voluntárias e virtualmente em todas as arenas de decisões políticas do país...

Há também milhões de outros que nunca pensaram em si mesmos como participantes de uma conspiração, mas que sentem que suas experiências e lutas fazem parte de algo maior, de uma transformação social mais ampla que se torna cada vez mais visível, contanto que se saiba para onde se deve olhar." (p. 24)

Os chamados "*conspiradores*" não se interessam por uma "*afiliação em suas formas tradicionais: partidos políticos, grupos ideológicos, clubes ou fraternidades*" (p. 25); preferem buscar os caminhos para a transformação pessoal e social nas redes ou agrupamentos que se formam a partir da conexão entre pessoas de mesmos interesses. (p. 25)

Os "*Conspiradores Aquarianos*" são atraídos uns para os outros por preocupação em torno dos seguintes itens: "*mudança de paradigma, transformação social, experiências místicas pessoais, tecnologia apropriada, descentralização, lançamento de ponte entre Oriente e Ocidente, comunidades intencionais, simplicidade voluntária, modelos de organização montados à base de confiança e comunicação"*, *"formas criativas através das quais possamos nos ajudar uns aos outros"*, *"tecnologia consciente"*, *"vigor e liberdade de relacionamento"*. (p. 222)

No quadro do processo revolucionário, nos Estados Unidos, essas tendências culturais resultaram da síntese das propostas de transformação apresentadas pelo *"ativismo político dos anos sessenta"* e pela *"revolução da consciência dos anos setenta"*.

Essa nova síntese enfatiza a transformação social como resultante da transformação pessoal — a mudança de dentro para fora.

A cultura emergente propõe a renovação social através da modificação da consciência individual e coletiva; a ascendência de uma nova mentalidade dentro da cultura antiga; a aglutinação de uma nova ordem social.

A *"cosmovisão"* resultante do processo integra conquistas atuais da vanguarda científica, com heranças culturais de antigas civilizações, revivendo suas tradições religiosas e filosofias tradicionais.

Em função das mudanças e alterações no que era, até então, estabelecido, novos paradigmas se fizeram e outros se farão presentes.

2
Novas Direções em Ciência

A reformulação cultural dos anos sessenta-setenta repercutiu em alguns setores acadêmicos, levando-os a dedicar maiores esforços em áreas do conhecimento até então pouco valorizadas e/ou exploradas.

Particularmente, os problemas concernentes à natureza e às alterações da consciência humana tornaram-se pontos de convergência do interesse científico. Segundo Harman (1975):

"Uma ciência embrionária dos estados alterados de consciência já existia há século e meio. Gravitava, mais ou menos, em torno dos fenômenos de hipnose, mas incluía explorações de criatividade, percepção extra-sensorial, diagnóstico de clarividência, curas instantâneas, estudo sobre a imaginação e a intuição. Esse campo não logrou desenvolver-se porque a sociedade colocou seus recursos psíquicos, humanos e econômi-

cos em outras áreas. Parece que estamos agora mais dispostos a caminhar de novo, e seriamente, nessa direção." (p. 159)

Por outro lado, as recentes descobertas em vários domínios científicos — Física, Neurologia, Psicofisiologia, Parapsicologia, Biologia Molecular —, e mesmo o advento das drogas alucinógenas, ofereceram novas e mais amplas possibilidades para a pesquisa da consciência.

A síntese da interação desses conhecimentos para a Psicologia foi o surgimento de novas posturas na pesquisa das experiências subjetivas. Algumas dessas posturas agruparam-se em torno de dois movimentos acadêmicos: a Psicologia Humanista e a Psicologia Transpessoal. O segundo movimento pode ser entendido como uma expansão do primeiro. (Sutich, 1969)

Para Pierre Weil (1982), a Psicologia Transpessoal tem por finalidade o estudo dos vários estados de consciência por que passa o homem, assim como das suas relações com a realidade, com o comportamento e com os valores humanos. E desenvolve tais metas através de uma abordagem interdisciplinar que reúne tendências metodológicas de várias disciplinas científicas e filosóficas. (p. 113)

Essa tentativa de síntese na área da Psicologia tem refletido uma tendência cultural muito marcante nos últimos anos. A esse respeito Cláudio Naranjo, em visita ao Brasil, assim se expressou:

"O nosso tempo tem como característica principal a síntese em todos os planos, a síntese em todos os campos; a síntese interdisciplinar, síntese quanto à integração de cultura, de escolas e uma multiplicação de escolas." (UNICAMP, 19.4.84)

Assim, a Psicologia Transpessoal se situa como um "*movimento*" no campo da Psicologia, que utiliza o conhecimento de várias disciplinas e converge para uma síntese progressiva de dados sobre a consciência humana.

Sobre o recente interesse da pesquisa psicológica em ter a "*consciência*" como objeto de estudo, Ring (1974) assim se manifesta:

"Com o surgimento da Psicologia Transpessoal, uma vez mais a pesquisa psicológica voltou a se ocupar particularmente com o estudo da consciência. Desde os primeiros momentos da Psicologia ocidental, nunca se deu tanta atenção à questão da natureza da consciência quanto atualmente, como se vê no interesse pela manipulação dos estados de consciência." (p. 55)

Portanto, nesta época, encontra-se a Psicologia como uma disciplina que retorna ao seu primeiro trabalho — um exame da consciência —, porém agora existe a facilidade das novas *"técnicas"* que têm sido cuidadosamente desenvolvidas durante este século.

Em seqüência, examinaremos rapidamente os avanços científicos e tecnológicos em algumas áreas que consideramos muito relevantes para o surgimento e conseqüente desenvolvimento da Psicologia Transpessoal. São elas: a pesquisa do cérebro, as drogas psicodélicas e a Física moderna.

2.1. *A Pesquisa do Cérebro e a Consciência*

O progresso recentemente obtido no campo das neurociências — análise dos hemisférios do cérebro, medição de ritmos cerebrais (EEG), **biofeedback**, teoria holográfica do cérebro, etc. — indica uma estreita relação entre o funcionamento do cérebro e as atividades da consciência.

Essas novas descobertas permitem melhor compreensão tanto no que se refere à conexão entre o cérebro e as experiências da consciência *"ordinária"*, quanto das experiências em *"estados alterados de consciência"*.

Joseph E. Bogen (1973) foi um pioneiro na sistematização das evidências neurológicas que há muito tempo sugeriam a dual especialização dos hemisférios cerebrais.

Robert E. Ornstein (1972) analisou dois diferentes modos ou estilos de consciência que parecem estar ligados aos hemisférios cerebrais. E concluiu:

"O hemisfério esquerdo está relacionado principalmente com as funções verbais e matemáticas. Seu modo de operar é linear ou seqüencial, analítico, lógico e racional ... Em contraposição, o hemisfério direito encontra-se mais envolvido com a orientação espacial, a percepção ou a criação estética, a auto-imagem, etc. É emocional, intuitivo e holístico."(pp. 66-68)

As duas grandes tradições culturais, a ocidental e a oriental, têm apresentado essa mesma dualidade em suas proposições filosóficas fundamentais. (Moore 1978) Assim, enquanto os homens ocidentais enfatizam a utilização das funções do hemisfério esquerdo, sendo por isso mais lógicos e racionais, seus equivalentes orientais dão maior valor às funções do hemisfério direito, sendo, portanto, mais intuitivos e místicos.

A aproximação cultural entre Ocidente e Oriente permitiu a comparação entre suas diferentes formas de apreensão da realidade, revelando que os dois modos de conhecimento propostos não são auto-suficientes.

Em conseqüência, alguns psicólogos ocidentais sugeriram que deveria haver a necessidade de uma complementação das diferentes funções psicológicas do ser humano.

O psiquiatra Roberto Assagioli (1982) justifica tal necessidade:

"A limitação — que também se aplica a todas as outras técnicas e ao uso de todas as outras funções, mas que tem de ser reiterada — é que o uso separativo de qualquer função só pode dar resultados limitados e unilaterais. É na cooperação e uso sintético de todas as funções humanas que pode ser alcançado o êxito, em cognição ou ação." (p. 230)

A Psicologia atual, mais especialmente a abordagem transpessoal, empenha-se em desenvolver métodos psicoterápicos mais abrangentes, que facilitem ao ser humano desenvolver, concomitantemente, todas as suas funções psicológicas.

Com o objetivo de preencher lacunas deixadas por funções

não desenvolvidas por nosso sistema educacional/cultural, a abordagem transpessoal da Psicologia combina, sem preconceitos científicos ou culturais, as várias tendências do pensamento psicológico ocidental com as metodologias desenvolvidas por sistemas esotéricos como o Budismo, o Yoga, o Tibetanismo, o Sufismo e outros.

Outra forte evidência da relação cérebro/consciência encontra-se no trabalho de Wilder Penfield (1975). Ele verificou que experiências particulares pareciam estar armazenadas em determinadas áreas do cérebro e podiam ser trazidas à consciência e, ainda, reexperimentadas, se tais áreas fossem estimuladas por meio de uma corrente elétrica.

Além disso, as memórias evocadas eram acompanhadas pelo padrão emocional ligado ao incidente original. As experiências realizadas por Penfield fornecem novos elementos para a pesquisa científica de certos fenômenos psíquicos, como telepatia, clarividência e desenvolvimento da *"terceira visão"* ou *"olho mental"*, assim como também estabelecem as bases científicas experimentais para a provocação da sensação de vivência extracorpórea (**out-of-body experience**) por estimulação física de certa região do cérebro.

O funcionamento do cérebro também pode ser estudado a partir da análise de sua atividade elétrica. Neste particular, o EEG (registro eletroencefalográfico) tem se revelado um método neurofisiológico muito eficiente para focalizar a relação entre os mecanismos cerebrais e as alterações da consciência em geral.

Até bem pouco tempo, as alegações de que a consciência poderia ser expandida e alterada se apoiavam em provas empíricas, ou seja, em relatos de ocorrências. Atualmente, tais estados subjetivos estão sendo correlacionados a evidências concretas de modificações psicofisiológicas.

Dessa forma, as experiências realizadas sobre *"estados alterados de consciência"* — meditação, hipnose, sonhos, diferentes técnicas psicoterápicas, etc. —, que sempre desafiaram as definições rigorosas da lógica, podem ser estudadas através de seus vários correlatos — ondas alpha, theta e delta, rápidos movimentos oculares, etc. (Ornstein, 1973)

No campo da Psicofisiologia, trabalhos experimentais como os de Kamiya e dos cientistas japoneses Kasamatsu e Hirai (Tart, 1969) ensejam uma tentativa de relacionar os padrões de EEG com os estados psicológicos e seus correlatos comportamentais.

A aparelhagem de **biofeedback** permite a identificação por meio de sons ou de leituras visuais dos processos orgânicos como: atividades das ondas cerebrais, temperatura e condutividade da pele, sistema circulatório, atividades musculares etc. O treinamento por **biofeedback** é o procedimento que permite conhecer e obter o controle voluntário desses estados internos. (Brown, 1975)

Para Karlins e Andrews (1972), aparelhos de **biofeedback** podem ser usados para ajudar o homem a obter o estado interno que deseje explorar:

*"Com o treinamento por **biofeedback**, o homem aprende a selecionar seus estados de ser. Ele pode explorar novas experiências sistematicamente controladas sem depender do uso de drogas... Ele pode mudar sua mente sem lesar seu cérebro."* (p. 70)

A descoberta do **biofeedback** levou pesquisadores como Elmer Green (1970), do Departamento de Pesquisas da Fundação Menninger em Topeka, Kansas, a investigar yogues, na Índia, aos quais se atribuíam *"poderes"* de autocontrole; e ao desenvolvimento de pesquisas nos Estados Unidos, utilizando **biofeedback** numa clínica, numa prisão e numa sala de aula. Tendo concluído que:

*"A essência tanto da Yoga como do **biofeedback** é o controle da imagem corporal biopsicológica através de visualização durante um estado de relaxamento."*

Kar Pribam (1981), neurocientista da Stanford University, propôs uma teoria sobre o funcionamento cerebral, o modelo holográfico, que une a pesquisa do cérebro à Física teórica. Segundo essa teoria, qualquer parte do cérebro contém a informação total, isto é, a memória é distribuída por todo o cérebro.

A holografia, inventada por Denis Gabor em 1947, é um método de fotografia sem lentes que permite recuperar a imagem original do objeto, aparecendo uma figura tridimensional. (Tekulsky e Asinof, Ciência Ilustrada, pp. 72-77.)

De acordo com o Brain/Mind Bulletin (1977) a aproximação entre Pribam e o físico David Bohm, que estava descrevendo um universo holográfico, permitiu a seguinte síntese:

"Nossos cérebros constroem matematicamente uma realidade concreta através da interpretação de freqüências que transcendem tempo e espaço. O cérebro é um holograma que interpreta um universo holográfico..." (p. 1)

Pela teoria holográfica, o cérebro toma conhecimento, simultaneamente, das percepções normais, das experiências transcendentais e dos eventos paranormais, demonstrando que são parte da natureza humana, eliminando, assim, o caráter sobrenatural atribuído aos fatos transpessoais.

2.2. A Física Moderna e a Percepção da Realidade

No princípio do século XX, a Teoria dos Quanta de Max Planck (1900) e a Teoria da Relatividade de Albert Einstein (1905) propiciaram verdadeiras revoluções científicas e se propuseram a substituir a chamada Física clássica pelo que se tornou conhecido por Física moderna. (Hamburger, 1984)

O desenvolvimento da Física moderna alterou profundamente e transcendeu todos os postulados do paradigma cartesiano/newtoniano, que haviam dominado o pensamento científico ocidental nos últimos três séculos.

O físico Werner Heisenberg (1981) classificou o paradigma clássico como *"estreito e rígido"*, ao passo que o advento da Física moderna impôs maior abertura conceitual:

"A tendência geral do pensamento humano, no século XIX, foi na direção de uma confiança crescente no método científi-

co e no uso de termos racionais precisos, o que deu lugar a um ceticismo acerca daqueles conceitos da linguagem natural que não se encaixassem no esquema fechado do pensamento científico da época — por exemplo, aqueles da religião. A Física moderna, de muitas maneiras, veio reforçar essa atitude cética; mas ela, ao mesmo tempo, endereçou-a contra a superestimação dos conceitos considerados precisos e, também, contra o próprio ceticismo." (p. 124)

Assim, o surgimento da Física moderna contribuiu efetivamente para a dissolução do rígido esquema conceitual da ciência do século XIX. A fundamentação, predominantemente materialista/mecanicista, dos conceitos científicos do século passado aprofundou o abismo existente entre o pragmatismo ocidental e a espiritualidade do Oriente.

Para o paradigma clássico, o conceito de realidade dizia respeito a coisas e fenômenos que são percebidos através dos órgãos sensoriais ou, então, ao que pode ser observado graças ao auxílio de instrumentos refinados, desenvolvidos pela tecnologia.

Dentro dessa perspectiva, o conflito entre ciência e religião era inevitável; os fenômenos subjetivos e os transcendentais eram vistos como ausência de maturidade intelectual, superstição ou, ainda, psicopatologia. (Grof, 1983)

No decorrer do século atual, novas experimentações nos campos das Teorias quântica e relativista levaram a um questionamento da Mecânica newtoniana. Os conceitos básicos de matéria, espaço/tempo e causalidade sofreram radicais transformações em suas bases. Em conseqüência, o conceito de realidade do materialismo científico também foi revisado.

Dentre as modificações introduzidas pela Física moderna, as mais revolucionárias referem-se, sobretudo, à estrutura da matéria. De acordo com a fórmula de Einstein — $E = mc^2$ (a energia contida em um corpo é igual à sua massa multiplicada pelo quadrado da velocidade da luz) — ficou demonstrada a equivalência de matéria e energia, ou seja, sua intermutabilidade.

A Mecânica quântica demonstrou o dualismo onda/partícula

apresentando a mesma entidade, a energia, sob a forma de onda eletromagnética, e, sob a forma corpuscular, o **quantum** de energia.

A Teoria da Relatividade revelou uma estrutura espaço/tempo diversa daquela até então admitida pelo pensamento baseado nas leis de Newton. O espaço deixou de ser tridimensional e o tempo deixou de ser uma entidade independente. Ambos apresentam-se intimamente conectados sob a forma de um **Continuum** espaço/tempo quadrimensional, e que não são grandezas absolutas, mas relativas, dependendo de um sistema referencial.

Entre as suposições questionadas, encontra-se a causalidade mecânica como aplicável a todos os âmbitos da realidade. A Física avançada não considera a relação causa/efeito como um princípio de ligação obrigatório na natureza.

A Física do século XX, pela profundidade das modificações introduzidas, tem levado pensadores físicos e psicólogos contemporâneos a refletirem sobre suas implicações filosóficas e a compará-las com algumas das tradições culturais mais antigas.

O físico Fritjof Capra, em sua obra ora traduzida para o português "O Tao da Física" (1985), analisou os paralelos entre o conteúdo filosófico das teorias básicas da Física moderna e os ensinamentos místicos tradicionais do Oriente, incluindo civilizações com passados culturais distintos, como China, Japão, Índia e Tibet.

Estendendo-se por profundas reflexões, o autor procura demonstrar que as transformações trazidas pela moderna Física teórica parecem levar a uma visão do mundo muito similar àquela das filosofias orientais.

Capra (1976) focaliza duas idéias que sempre foram enfatizadas pelos místicos do Oriente e que são temas recorrentes na concepção do mundo da Física atual:

"... a unicidade e inter-relação de todas as causas e eventos e a natureza intrinsecamente dinâmica do universo." (pp. 62-70)

O psicólogo LeShan (1978) elaborou um quadro comparativo acerca de "como o mundo funciona entre dois grupos", por ele denominados: "físicos-teóricos" e "místicos sérios". LeShan reconhece, em princípio, que esses dois grupos têm como ponto de partida posturas teóricas diferentes, utilizam-se de técnicas distintas e têm, ainda, objetivos diversos. Porém, buscam compreender a essência da realidade mais completa. Semelhanças gerais foram observadas nas conclusões apresentadas por ambos os grupos. LeShan conclui:

"Se aqueles que buscaram dentro de si mesmos e aqueles que buscaram no exterior chegam às mesmas conclusões, podemos nos assegurar um pouco mais destes resultados." (p. 119)

Jean Charon, físico da Universidade de Paris, considera o programa dos físicos da época atual *"reducionista"*, na medida em que deixam o *"espírito"* de fora nas suas descrições científicas do Universo. Em sua obra *"O Espírito, este Desconhecido"* (1981), Jean Charon apresenta uma *"Física Neognóstica"*, cuja tendência principal é expressa pela idéia de que:

"... o que chamamos espírito é indissociável de todos os fenômenos que vemos no Universo, sejam físicos, sejam psíquicos." (p. 12)

Na obra *"Einstein's Space and Van Gogh's Sky"* (1982), Henry Margenan e LeShan, seus autores, um físico e o outro psicólogo, uniram-se para demonstrar que a visão convencional da realidade é limitada, e para oferecer como opção outra forma de ver o *"Real"*, fundamentada nas teorias da Física moderna e nos conhecimentos da Psicologia contemporânea. Essa nova visão da realidade enfatiza a idéia de que a mente passa por numerosos estados ou fases, os quais transcendem o processo e as experiências nos quais a realidade sensorial ou física baseia sua construção.

Os teóricos da abordagem transpessoal estão particularmente interessados na contribuição da Física moderna para renovar e ampliar a concepção de mundo, imagem do homem, inter-relacionamento homem/cosmos, correlações entre a natureza da realidade e sua percepção nos estados de consciência em geral.

I - Contexto Cultural, Mudanças e as Novas Direções... 37

Para Mário Schenberg (1984), *"a Física e a Psicologia são aspectos diferentes da mesma realidade, vistos sob ângulos diferentes"* (p. 27) e considera C. G. Jung um precursor na tarefa de reunir conhecimentos da Física e da Psicologia.

As recentes pesquisas com drogas psicodélicas, técnicas experimentais de psicoterapia, Parapsicologia, Tanatologia, Antropologia, **biofeedback**, etc., levadas a efeito pela Psicologia Transpessoal, revelaram certa convergência entre a Física moderna, o misticismo e a consciência humana.

Nas palavras de Fritjof Capra:

"A ciência não necessita do misticismo e este não precisa da ciência; entretanto o homem necessita de ambos." (p. 69)

Cabe, portanto, à abordagem transpessoal a ampliação de possibilidades que visem reunir a antiga sabedoria do Oriente e o conhecimento científico do Ocidente. (Grof, 1982)

2.3. *As Drogas Psicodélicas na Pesquisa da Consciência*

A Química desempenha relevante papel nas chamadas novas direções em ciência, especialmente no que se refere ao emprego de certos produtos farmacoquímicos, os quais estão sendo utilizados na investigação da consciência humana.

Entre as principais substâncias em uso podem ser citadas: a mescalina, a psilocibina e o LSD (dietilamida do ácido lisérgico). Por apresentarem efeitos similares, essas drogas são chamadas *"psicodélicas"*, do grego *"que alteram a mente"*. (Berent, 1981)

O LSD é, dentre as drogas semi-sintetizadas conhecidas que alteram a consciência, a de efeito mais potente e duradouro.

Segundo Hossri (1984) o LSD, em dosagens equivalentes, é cerca de sete mil vezes mais atuante que a mescalina — substância cuja fonte natural é o **cactus peyote** — e cerca de cem vezes mais potente que a psilocibina, alcalóide derivado dos chamados *"cogumelos sagrados"* do México. (p. 108)

Derivado da cravagem do centeio, o LSD é uma substância

preparada quimicamente em laboratório. Foi descoberto em 1938 quando da intoxicação acidental de Hofman, químico dos laboratórios Sandoz, empresa farmacêutica suíça. Hofman foi um pioneiro e realizou uma série de trabalhos que, desde então, se multiplicaram consideravelmente. (Ollivenstein, 1980)

As drogas psicodélicas em geral causam modificações psíquicas nos indivíduos que as ingerem, afetando de preferência as percepções visuais, e, por isso, são incluídas entre os "*alucinógenos*". (p. 49)

Em 1954, Aldous Huxley — um dos mais renomados conhecedores da fenomenologia psicológica induzida por alucinógenos — em sua obra "*As Portas da Percepção*", despertou o interesse pelas drogas alucinógenas como fonte de pesquisa profunda da mente humana e considerou tais drogas "*modificadores do espírito*".

Analisando as possibilidades futuras do emprego dos psicodélicos, Huxley achava que, embora a princípio pudesse parecer algo desconcertante, seu uso acabaria por dar maior profundidade espiritual à vida nas comunidades onde fossem consumidos. Acreditava que as drogas produziriam uma revivência religiosa e, assim, a religião, atividade envolvida principalmente com símbolos, seria transformada em suas bases e se tornaria mais preocupada com a experiência e a intuição, ou seja, com o misticismo do cotidiano.

Timothy Leary (1981) iniciou suas experimentações psicodélicas quando era professor do Departamento de Psicologia da Universidade de Harvard, no princípio dos anos sessenta. Leary ficou conhecido mundialmente como um dos principais teóricos da utilização de drogas psicodélicas para "*expandir*" ou "*alargar*" a consciência. Suas atividades em Harvard teriam dado início ao movimento **hippie**-psicodélico. (Harman, 1975)

Durante a década de 1960, parte significativa da juventude americana, seguindo a orientação de seus "*gurus*" — Timothy Leary, Richard Alpert e Ralph Metzner —, fez uso de drogas associadas a práticas místicas derivadas dos conhecimentos esotéricos do Oriente.

Por essa época, a preocupação dos jovens com as atividades

de "*expansão e exploração*" da consciência fazia parte de um conjunto mais amplo de manifestações culturais ligadas a um movimento que se tornou conhecido como "*Contracultura*". Nas palavras de Pereira (1984):

> "*Fundamentalmente, o que se buscava eram novas possibilidades de apreensão da realidade, e tanto o misticismo como a droga constituíram-se numa forma de oposição ao racionalismo dominante nas sociedades tecnocráticas, racionalismo este calcado sobre o modo de conhecer da ciência, ou seja, sobre a própria estrutura do pensamento científico que, como tal, permite, ao mesmo tempo que impõe, uma determinada percepção da realidade.*" (p. 85)

A contracultura e o movimento **hippie**-psicodélico certamente desempenharam um papel importante nas tentativas de renovação sociocultural nos anos sessenta. Porém, a posição de Leary em Harvard ficou enormemente prejudicada após suas explorações psicodélicas. Seu entusiasmo pelas drogas parecia ameaçar seus colegas mais conservadores e acabaram por causar o encerramento de suas atividades, tendo ele sido obrigado a se afastar da Universidade.

Em anos recentes, Leary (1981) não se encontra no centro do interesse público como já havia ocorrido, mas, em suas atividades, continua interessado no desenvolvimento da consciência e, ainda, dedica-se à classificação das áreas de exploração científica que, segundo suas pesquisas, influenciarão o presente e o destino futuro da humanidade. (p. 126)

Seus colegas da Harvard seguiram caminhos diversos.

Richard Alpert (1978) teve um período psicodélico em sua vida — de 1961 a 1967 —, durante o qual tornou-se um ativo pesquisador e explorador utilizando-se do LSD e de outros psicodélicos. Em pesquisas nas quais participou como sujeito inserindo drogas, dentre as quais o LSD, vivenciou estados psicológicos que a Psicologia ocidental jamais havia explicado. Concluiu que, para aqueles que passam pela "*experiência psicodélica*", nenhuma explicação era necessária e, nem mesmo, possível. Em 1967, em sua viagem à Índia, foi a Katmandu, paraíso das drogas, no Nepal, e conheceu um **hippie saddhu**, Bhagwan Dass, jovem americano de vinte e três anos, vindo de Laguna Beach, Califórnia. Em sua companhia percorreu a Índia descalço e vestido à indiana. Posteriormente, encontrou seu "*guru*" Maharaji, que o induziu a experiências místicas, segundo sua própria afirmação, convincentes e indescritíveis para quem as vivencia. Retornando aos Estados Unidos, mudou seu nome para Baba Ram Dass e, desde então, vem se dedicando a propagar suas idéias espiritualistas.

Ralph Metzner (1971) passou a consumir alucinógenos em 1961. Dedicou-se a várias escolas psicológicas ocidentais e orientais: Yoga, Bioenergética, Psicossíntese de Assagioli, Psicodrama, Gurdjieff, etc. Em 1968, conheceu Russel Paul Schofield e se tornou seu discípulo estudando "*Agni Yoga*" na escola denominada "*Actualismo*".

A História ensina que, desde tempos remotos, diversos grupos culturais em várias partes do mundo fizeram uso de plantas com poder de alterar a mente, na tentativa de buscar vivências transcendentais (místico-religiosas) e para despertar potencialidades criadoras. As drogas podem ser relativamente úteis como ponto de partida para proporcionar uma ordem superior de percepção da realidade, porém seus resultados são perecíveis e superficiais, raramente um caminho transformador por si só.

É preciso, ainda, considerar que usar drogas — como meio de indução para atingir verdades espirituais —, cujos efeitos colaterais nocivos ainda não foram totalmente determinados pela ciência, pode trazer sérios prejuízos físicos, psíquicos e morais.

Provavelmente pelos mesmos motivos, muitos indivíduos que, na procura de uma vida mais rica e significativa, se utilizaram de drogas abandonaram seu uso e adotaram outros caminhos, como o do Zen, Yoga, Psicossíntese, **biofeedback**, Arica e outros.

Há também implicações éticas relevantes a esse processo de pesquisa que merecem um exame cuidadoso. Setores políticos, científicos, religiosos, etc. opõem resistência ao uso de drogas em experimentos que podem alterar funções e valores humanos, os mais caros. No entanto, tais pesquisas prosseguem em âmbito restrito e seus resultados deverão tornar-se conhecidos futuramente.

Stanislav Grof, professor assistente de Psiquiatria da **Johns Hopckins University**, é um dos mais respeitáveis pesquisadores do LSD e de outras substâncias psicodélicas em psicoterapia. A partir de 1956, observou os efeitos dos psicodélicos em mais de duas mil sessões psicoterápicas, conduzidas pessoalmente, e, ainda, teve acesso às gravações de outras oitocentas sessões de seus colegas, realizadas nos Estados Unidos e na Europa.

Na sua abordagem psicolítica, as sessões de LSD ocorrem após duas ou três semanas de psicoterapia preparatória. Uma série psicolítica consiste de quinze a oitenta sessões, a intervalos de uma a duas semanas. De acordo com a natureza do material emergente em suas sessões, podem ser usadas abordagens de orientação freudiana, rankiana ou junguiana nas várias fases do tratamento. No tratamento psicolítico, a maioria dos clientes recebem doses que variam de cem a duzentos e cinqüenta microgramas de LSD, em sessões orientadas psicanaliticamente. Nesses casos, são observados conteúdos psicodinâmicos, ou seja, manifestações de lembrança da infância ou de outras idades, agradáveis ou não. Há mistura complexa de fantasia e realidade, simbolizações, dramatizações, enfim, de tudo aquilo a que se refere o inconsciente freudiano.

Em 1967, Grof passou a empregar altas dosagens de LSD — trezentos a quinhentos microgramas — num ambiente e numa perspectiva especial, para tratamentos psicodélicos, visando facilitar experiências místicas. O uso de som estereofônico, de músicas especialmente selecionadas, etc. contribuem para criar o *"clima"* propício para esse processo de tratamento. Grof (1983) afirma que a análise de suas experiências teria uma significação heurística muito grande para o pensamento psicológico ocidental, já que elas nos sugerem que existem dimensões da mente humana que a pesquisa psicológica ainda não explorou satisfatoriamente.

Esse fato representou um dos maiores incentivos para o surgimento do novo movimento em Psicologia — a orientação transpessoal. (Sutich, 1976)

Segundo Planck (1969), experiências místicas não são, de modo algum, universais entre os usuários de drogas. Tais experiências dependem da combinação de outros fatores: predisposição do indivíduo, dosagem, introspectividade, interesse anterior na espiritualidade, expectativas e ambiente apropriado. Nessas condições, a droga funciona apenas como um agente facilitador; o trabalho mais árduo se dá após a experiência, quando, então, há a necessidade de integração dos **insights**. A menos que uma experiência positiva superior seja integrada à vida interior de uma pessoa, o experimento permanecerá na memória, não significando um processo de renovação despertado pela autêntica experiência mística.

A partir da década de 1960 as experiências psicodélicas e seus abusos, amplamente disseminados, fizeram com que os profissionais da Psicologia se defrontassem com uma variedade de observações e de experiências para as quais as estruturas teóricas existentes para o seu estudo pareciam limitadas e inadequadas.

Essas observações permitiram inúmeras pesquisas científicas que tinham por objetivo estabelecer as propriedades psicoterápicas das drogas, assim como determinar o critério a ser adotado no seu emprego para estudo da personalidade humana.

As drogas psicodélicas usadas com discernimento, como método de pesquisa científica, sob os devidos controles, podem funcionar como *"amplificadores inespecíficos"* ou catalisadores que ativam níveis profundos do inconsciente, facilitando a terapia. (Grof, 1976)

CAPÍTULO II

A Estrutura Holística da Consciência

1
Níveis de Consciência — Conceituação

Um "*mapeamento*" do espaço interior que especifique suas diferentes "*regiões*" pode ser útil para que seja incluída, numa estrutura teórica coerente, toda a gama de experiências que emanam da consciência.

Desse modo, experiências aparentemente diferentes ou distantes — como estados induzidos por drogas, psicoses, fenômenos parapsicológicos, estados de transe, vivências religiosas, etc. — podem ter seus conteúdos psicológicos correlacionados.

Em geral os sistemas esotéricos que têm por objetivo principal o estudo da evolução ou desenvolvimento da consciência há muito se preocuparam em "*mapear*" esses estados interiores, procurando organizar de maneira lógica os conhecimentos sobre estados de consciência.

Os modelos propostos pelo conhecimento místico, em sua maior parte, baseiam-se na Vedanta, filosofia desenvolvida a partir dos ensinamentos dos Vedas, a "*escritura religiosa mais antiga do mundo*". (Akhilamanda, 1964)

Assim, segundo a tradição filosófica hindu, a totalidade da vida psíquica pode ser entendida como uma estrutura dinâmica formada de vários níveis, os quais se manifestam partindo de um único centro de irradiação, o **self**. Em cada um desses níveis, são percebidos aspectos da realidade correspondentes ao estado de consciência, a partir do qual a atenção do indivíduo se mantém ativa. (Ramacháraca, 1983)

Dentro dessa conceituação, subentende-se que a consciência do eu pode mudar de estado, por meio de auto ou de heteroindução, quando a atenção se desloca de um determinado nível de consciência para outro. O estado de consciência "*ordinário*", ou de "*vigília*", serve de referencial para se determinar os estados de consciência tidos como alterados.

A experiência de "*expansão*" ou de "*extensão*" da consciência apresenta uma graduação de níveis, cuja base é a percepção dual eu/mundo do nível pessoal. O ponto máximo de expansão, que se caracteriza por uma percepção una e plena da realidade, tem recebido nas diferentes tradições espiritualistas várias denominações, entre as quais: nirvana, êxtase, estado de iluminação, consciência cósmica, satori, samadhi, etc.

Com o advento da Psicologia Transpessoal, todos esses termos podem ser agrupados num único: experiência transpessoal ou nível transpessoal. (Weil, 1978)

Stanislav Grof (1985) nos dá uma definição da experiência transpessoal:

"*... a experiência transpessoal envolve uma expansão ou extensão da consciência além das limitações usuais do ego e das limitações de tempo e espaço, como são percebidas no mundo tridimensional.*" (p.129)

Uma distinção deve ser feita entre os EAC (estados alterados de consciência) e as experiências transpessoais, pois nem todos os EAC atingem o critério para serem transpessoais, embora todas as experiências transpessoais ocorram em EAC. São exemplos de EAC, não necessariamente transpessoais, as experiências estéticas (LSD), as experiências resultantes do uso de técnicas de fantasias afetivas induzidas, as experiências de revivência vívida e complexa de uma memória infantil, etc.

Os EAC psicopatológicos são também outro exemplo de uma subcategoria de estados não-ordinários de consciência, que precisam ser diferenciados ou relacionados com as experiências transpessoais.

A Psicologia Transpessoal mostra que os EAC tidos como patológicos também dão origem a manifestações que significam expansão da consciência além das limitações normais do ego e de tempo/espaço. Portanto, paralelamente às alucinações, delírios, ilusões, etc. que ocorrem nos EAC psicopatológicos, há outros fenômenos como: a clarividência, a premonição, a autoscopia (**out-of-body experience**), o transe místico, o contato com arquétipos, etc. que ocorrem nas experiências de processos transpessoais.

O psiquiatra Alberto Lira (1968) escreve a respeito:

"1. *Há alterações dos estados de consciência (sobretudo da consciência do eu, da sômato, auto e alopsíquica) que sobrevêm em indivíduos fracamente doentes e podem ser considerados como aberrações da mente anormal. Mas há alterações dos estados de consciência que podem ser vistos em indivíduos normais e sem que elas alterem a vida pragmática e lógica desses indivíduos.*
2. *Há alterações dos estados de consciência que significam redução ou deformação do eu ou do mundo exterior, e há alterações que mostram haver, pelo contrário, ampliação ou expansão do eu, sem que haja perda da noção, da identidade e unidade do eu.*
E pode haver concomitância de ambos os fenômenos. O místico expande o seu eu, escapa do espaço e do tempo, foge do mundo da razão. Com ele se dá não uma redução ou deformação do eu e da realidade material, mas uma ampliação, expansão do eu e um ultrapassar da realidade." (p. 51)

A psicóloga Elizabeth E. Mintz (1983), durante trinta anos de prática clínica, tem dedicado interesse na observação e no estudo dos aspectos paranormais e transpessoais da psicoterapia. Em sua opinião:

"Semelhanças entre alguns aspectos das experiências esquizofrênicas e das experiências místicas são tão contundentes que alguns clínicos realmente consideram o misticismo como uma esquizofrenia, enquanto outros vêem a esquizofrenia como misticismo deturpado ou malcompreendido". (p. 158)

E, para Mintz, no campo das possíveis relações entre esquizofrenia e misticismo encontram-se inacreditáveis diferenças de opinião. As principais idéias sobre o assunto podem ser expostas em quatro categorias, que apresentamos a seguir:

- **CATEGORIA I — CRISE TRANSPESSOAL**

A esquizofrenia aguda é uma crise espiritual na qual o indivíduo está prestes a alcançar o conhecimento místico válido, tal como a consciência profunda irmanada com a humanidade, com a natureza e com Deus, cujo estágio final é a consciência da unidade. Algumas vezes, o indivíduo perde a força do ego ao abraçar seu processo de crescimento, o que pode ser terrível e doloroso. Ele pode, então, falar incoerentemente e mostrar um comportamento bizarro, o que pode levá-lo à hospitalização e ao tratamento com drogas e choques que causam a regressão da experiência mística. Nesse caso, ou ele retorna à sociedade ou acaba por tornar-se um paciente crônico reincidente.

Um grande número de clínicos, cuja orientação terapêutica segue a direção da Psicologia Transpessoal, acredita que tais pessoas podem alcançar um nível de integração pessoal e social mais elevado que o nível psicótico, isto se devidamente tratadas.

No Instituto Esalen, um grupo de terapeutas recebe treinamento para trabalhar com psicóticos cuja situação é vista como de "*emergência espiritual*" ou de "*crise transpessoal*", o que poderá resultar em cura psicossomática, transformação de personalidade, e evolução da consciência.

Durante um **workshop** realizado em 1978, sob a coordenação da Associação de Psicologia Humanista, o psiquiatra Jack Nelson fez a seguinte afirmação:

> "*Esquizofrenia é um estado alterado de consciência, o qual expõe o ego a forças poderosas dos mais profundos reinos da consciência humana. O mesmo pode ser dito dos estados de exaltação mística.*"

Uma variação dessa posição é a de Wilber (1980), que sugere que o que acontece é um rompimento das barreiras do ego que tem como causa o *stress* externo, fatores bioquímicos endógenos ou crises espirituais. Então, o ego é invadido simultaneamente por impulsos regressivos (do inconsciente pessoal arcaico) e transpessoais (visões místicas e idéias do superconsciente ou inconsciente coletivo de Jung). Para Assagioli, os pacientes esquizofrênicos são confundidos pelo contato com verdades espirituais muito poderosas para sua capacidade mental entender ou assimilar.

- **CATEGORIA II — CULTURAL**

As experiências místicas são vistas como eventos normais, tratados por nossa cultura como anormais. O comportamento dos xamãs, tais como transes e ataques físicos, em culturas não-industriais, provavelmente levariam à hospitalização; e as visões místicas medievais, entendidas como um sinal de graça divina, seriam consideradas como alucinações. Essa categoria postula as causas culturais no estabelecimento do comportamento místico como "*normal*" ou "*patológico*".

- **CATEGORIA III — PATOLÓGICO**

    O misticismo é visto como totalmente patológico e parecido com a esquizofrenia. Uma versão desse ponto de vista é a redução de toda a experiência humana a condições bioquímicas e neurológicas; a consciência é então meramente um epifenômeno da matéria. Desde que a doença mental e o misticismo são causados por condições biológicas anormais, o tratamento indicado em ambos os casos é o farmacológico.

- **CATEGORIA IV — PSICOLÓGICO**

    O misticismo é essencialmente um mecanismo de defesa que tem a finalidade ou constitui uma tentativa de satisfazer necessidades psíquicas e resolver problemas onipresentes. O místico é motivado em sua procura pelo desapontamento com a sociedade, pela necessidade de escapar da inaceitável realidade externa, para livrar-se da depressão ou do sentimento de rejeição. O místico geralmente não é um doente mental, porém sua condição é de interesse especial, porque o fenômeno místico pode demonstrar formas de comportamento intermediárias entre normalidade e franca psicose.

A Dra. Mintz conclui dizendo que o melhor critério para discriminar o misticismo e a doença mental é, provavelmente, considerar em que extensão o paciente é capaz de reconhecer a realidade e como ele se relaciona com outras pessoas. Embora ela leve em consideração as várias abordagens apresentadas, sua preferência pessoal recai sobre o ponto de vista teórico da Categoria I, mais especialmente as posições de Wilber e Assagioli.

A complexidade desse campo de estudo e de observação ainda requer a realização de pesquisas sistematicamente orientadas para que, na prática, se possa chegar a critérios mais objetivos de delimitação de experiências.

Entendemos que fica por conta da experiência e do conhecimento do terapeuta a capacidade para perceber certas características experienciais e fenomenológicas, que permitem distinguir as alterações da consciência na personalidade "*normal*" e nos estados psicopatológicos propriamente ditos.

No passado, a idéia que confundia misticismo com doença mental quase impediu o estudo científico de aspectos possivelmente importantes para a compreensão da personalidade humana e da natureza do homem.

O reconhecimento de experiências, até então subestimadas pela psicologia convencional, contribuiu para o aparecimento da Psicologia Transpessoal e sugeriu a necessidade do estabelecimento de um mapeamento da psique mais abrangente. Vários modelos já foram propostos e todos são muito semelhantes àqueles oriundos da Filosofia oriental, Vedanta, Yoga e religiões orientais — ou seja, também indicam ser a consciência pluridimensional estratificada em níveis.

Como conseqüência desses conhecimentos, somos induzidos a conceber o Universo (macrocosmo) e a consciência humana (microcosmo) como sistemas de energia, formados por vários subsistemas cada vez mais complexos, que se interpenetram formando a realidade total.

O objetivo deste capítulo é apresentar um resumo das contribuições de teóricos da Psicologia Transpessoal que têm se preocupado com a necessidade de traçar mapas da consciência mais completos, entre os quais Grof, De Ropp, Lilly, Wilber e Assagioli.

2
A Cartografia da Consciência Proposta por Stanislav Grof

Stanislav Grof, psiquiatra com formação psicanalítica, há vinte e cinco anos realiza amplo trabalho de pesquisa no campo de estados não-ordinários de consciência, induzidos por drogas e por outros procedimentos. É autor entre outros dos livros *"Realms of Human Unconscious and LSD Psychotherapy"* (1975) e *"Beyond the Brain"* (1985). Nessas obras, e em outros trabalhos (Grof 1972 e 1973), apresenta uma cartografia do espaço interior, baseada em suas observações durante sessões de psicoterapia psicolítica (emprego de LSD em sessões psicanaliticamente orientadas). Seu mapeamento indica ser o *"inconsciente"* formado por vários níveis, correspondendo a cada nível um determinado tipo de experiência, com suas variações; Grof distingue os seguintes níveis do inconsciente:

2.1. Nível Abstrato e Estético

As experiências abstratas e estéticas ocorrem nos estágios iniciais da terapia com LSD, quando são ingeridas dosagens pequenas de LSD (quinze a oitenta microgramas). Essas experiências provavelmente correspondem a uma estimulação química do aparelho ótico: visão de cores mais belas e brilhantes, de luzes, de pessoas e objetos inanimados geometrizados, de sólidos que se movem, etc.

Ocasionalmente, os elementos abstratos e figurativos se combinam em imagens complexas, carregadas de forte carga emocional, geralmente relacionadas à história de vida do paciente. Aqui os conteúdos apresentados marcam a transição para a próxima etapa de exploração do inconsciente.

2.2. Nível Psicodinâmico

As experiências psicodinâmicas são freqüentes na terapia psicolítica e facilmente compreendidas em termos do inconsciente freudiano, como nos diz Grof, "a *prova laboratorial das premissas básicas da psicanálise*".

A fenomenologia desse nível consiste em regressões clássicas aos estádios de Édipo e Electra, à angústia da castração, ao desejo do pênis, aos conflitos das zonas libidinais.

Para uma melhor compreensão do material no nível psicodinâmico, Grof introduz um novo conceito: o sistema COEX (sistema de experiências condensadas), que pode ser definido como uma constelação específica de memórias, consistindo de experiências condensadas de diferentes períodos de vida do indivíduo. A estrutura da personalidade de uma mesma pessoa pode ter vários COEX, que podem funcionar de maneira autônoma.

De acordo com a carga emocional associada aos COEX, eles podem se diferenciar em sistemas COEX positivos (memórias agradáveis) e sistemas COEX negativos (memórias desagradáveis).

2.3. Nível Perinatal e Início das Experiências Transpessoais

As experiências que emanam dessa região não podem ser abordadas na estrutura teórica fornecida pela Psicanálise. No entanto, os conteúdos encontrados apóiam as idéias elaboradas por alguns psicanalistas, notadamente por Otto Rank.

Nesse nível situam-se as experiências da morte e do nascimento, assim como os problemas da agonia, do sofrimento, da doença e da decrepitude. Aqui, o indivíduo se dá conta de que não importa o que possa vir a realizar durante a sua vida, um dia ele morrerá. A constatação da similitude entre o estado que precede o nascimento e o estado que se segue à morte é a maior conseqüência para a reflexão filosófica decorrente das experiências perinatais.

Segundo Grof, ao atingir o nível perinatal, ocorre uma abertura de dimensões espirituais e religiosas que parecem ser uma parte intrínseca da personalidade humana. Isto é, são independentes da base e da programação cultural e religiosa do indivíduo.

É importante notar que esse *"nível rankiano"* representa uma zona de transição entre o pessoal e o transpessoal, ou entre a psicologia individual e a transpessoal.

Os elementos observados nas experiências perinatais foram organizados em quatro estágios diferentes, ou quatro matrizes básicas, cada uma correspondendo a um estágio diferente da seqüela do nascimento.

Grof enumera as seguintes matrizes perinatais básicas, as quais ele define como sistemas dinâmicos organizadores, que teriam, no nível do inconsciente rankiano, a mesma função do sistema COEX no nível do inconsciente freudiano:

Matriz Perinatal I	união com a mãe
Matriz Perinatal II	antagonismo com a mãe
Matriz Perinatal III	sinergismo com a mãe
Matriz Perinatal IV	separação da mãe

As matrizes perinatais são um fato clínico e representam marcas ancestrais, estruturas filogenéticas ou matrizes arquetípicas, no sentido junguiano. O estudo dessas matrizes está profundamente ligado às síndromes psicopatológicas de ansiedade, depressão, tendência incoercível ao suicídio, de agressão, e outras. (Ver Quadro I, pp. 57, 58 e 59)

2.4. *Nível Transpessoal*

Após muitos anos de observação e análise das experiências ditas "*transpessoais*", Grof concluiu que elas representam fenômenos **sui generis**, originados em níveis profundos do inconsciente, que não foram percebidos nem reconhecidos nas sessões psicanalíticas clássicas. Não são explicáveis em termos freudianos e seus conteúdos não podem ser reduzidos a qualquer outra categoria de elementos psicodinâmicos.

De acordo com Grof, antes mesmo do aparecimento da Psicologia Transpessoal como um ramo independente da Psicologia, o modelo da psique desenvolvido pela Psicologia junguiana já reconhecia a existência desse nível do inconsciente. Dessa forma, os conceitos de inconsciente coletivo e de arquétipos do arcabouço da Psicologia Analítica de Jung são indispensáveis para a compreensão transpessoal da consciência humana.

As experiências transpessoais não são, segundo Grof, limitadas aos estados psicodélicos. Elas também podem ocorrer em sessões de psicoterapia, tais como: abordagens neo-reichianas, terapia primal, práticas gestálticas, sessões de maratonas, e várias formas de renascimento. Quanto às práticas místicas, há muito vem sendo confirmada a ocorrência de vivências transpessoais através da meditação transcendental, práticas zen, exercícios psicoenergéticos tibetanos ou formas de yoga.

Os fenômenos transpessoais têm como denominador comum a expansão da consciência dita "*normal*" ou usual. Durante uma vivência transpessoal o senso de identidade do indivíduo se expande para além da identificação com sua imagem corporal. Além disso, as fronteiras perceptuais espaciais e temporais limitadas à mediação dos órgãos sensoriais são transcendidas.

QUADRO I. MATRIZES BÁSICAS PERINATAIS (GROF)

	MBP I	MBP II	MBP III	MBP IV
SÍNDROMES PSICOPATOLÓGICAS RELACIONADAS	Psicoses esquizofrênicas (sintomatologia paranóide, sentimento de união mística, encontro com forças metafísicas más, experiências kármicas; hipocondria (baseada em sensações físicas estranhas ou esquisitas); alucinações histéricas e confusos sonhos diurnos com a realidade.	Psicoses esquizofrênicas (elementos infernais); experiências de um mundo de "cartolina", sem significação; severas depressões "endógenas"; sentimentos irracionais de inferioridade e culpa; hipocondria (baseada em sensações físicas dolorosas); dependência ao álcool e a drogas.	Psicoses esquizofrênicas (elementos sadomasoquistas e escatológicos, automutilação, conduta sexual anormal); depressão intensa, desvios sexuais (sadomasoquismo, homossexualidade masculina, ingestão de urina ou fezes); neurose obsessivo-compulsiva; asma psicogênica; tiques, gagueira; histeria ansiosa e de conversão; frigidez e impotência; neuroses traumáticas; organo-neuroses, enxaqueca, enurese, encoprese; psoríase, úlcera péptica.	Psicoses esquizofrênicas (experiências de morte-renascimento, delírios messiânicos, elementos de destruição e recriação do mundo, salvação e redenção, identificação com Cristo); sintomatologia maníaca; homossexualidade feminina; exibicionismo.
SENSAÇÕES CORRESPONDENTES EM ZONAS ERÓGENAS FREUDIANAS	Sensações libidinosas em todas as zonas erógenas: sentimentos libidinosos durante o embalo e o banho; aproximação parcial nesta condição depois de satisfação oral, anal, uretral ou genital e o pós-parto.	Frustração oral (sede, fome, estímulos dolorosos); retenção de fezes e/ou urina; frustração sexual; experiências de frio, dor e outras sensações desagradáveis.	Mastigação e deglutição de alimentos, agressão oral e destruição de objetos; processo de defecação e micção; agressão anal e uretral; orgasmo sexual; agressão fálica; parto; erotismo statoacústico (solavancos, ginástica, mergulhos fantasiosos, pára-quedismo).	Satisfação de sede e fome; prazer em sugar; sentimentos libidinosos após defecação, micção, orgasmo sexual ou parto.

	MBP I	MBP II	MBP III	MBP IV
MEMÓRIAS ASSOCIADAS DA VIDA PÓS-NATAL	Situações posteriores da vida, onde são satisfeitas necessidades importantes, como momentos felizes da infância (bons cuidados maternais, brinquedos com amigos, períodos harmoniosos na família, etc.), romances amorosos satisfatórios; viagens ou férias em lugares agradáveis; exposição de criações artísticas, de alto valor estético; nadar no mar, em lagos, etc.	Situações de perigo à sobrevivência ou à integridade do corpo (guerra, acidentes, ferimentos, operações, doenças dolorosas, afogamento iminente, sufocação, prisão, lavagem cerebral, enterro, interrogação ilegal, abuso físico, etc.); traumatismos psicológicos severos (privação emocional, rejeição, situações ameaçadoras, atmosfera familiar opressiva, ridícula, humilhações, etc.)	Lutas, batalhas, aventuras (ataques em batalhas e revoluções, atividades militares, vôos de avião, viagens em mar tempestuoso, corridas perigosas de carro, box); memórias altamente sexuais (carnaval, parques, boites, divertimentos selvagens, orgias sexuais, etc.); observações infantis de atividades sexuais de adultos; experiências de sedução e rapto; em mulheres, parto do próprio filho.	Salvação afortunada de uma situação perigosa (fim de guerra ou revolução, sobrevivência de acidente ou operação); superação de severos obstáculos pelo próprio esforço; episódios de duro esforço ou luta, dando como resultado sucesso notável; cenas naturais (início da primavera, fim de uma tempestade no oceano, pôr-do-sol, etc.)
FENOMENOLOGIA DAS SESSÕES DE LSD	Vida intra-uterina não-perturbada: reminiscências realísticas de experiências do "útero bom"; êxtases "oceânicos"; experiências de unidade cósmica; visões do paraíso; Vida uterina perturbada: reminiscências realísticas de "útero mau", com experiências de: crises fetais, perturbações emocionais ou por doença da mãe, situação entre gêmeos, tentativa de aborto;	Imenso sofrimento físico e psicológico; situação inescapável e insuportável que nunca terminava, várias imagens do inferno; sentimentos de cair numa armadilha e ser engaiolado (sem saída); sentimentos angustiosos de culpa e inferioridade; visão apocalíptica do mundo (horrores de guerra, de campos de concentração, terrores da Inquisição; epidemias mortíferas; doenças,	Intensificação do sofrimento a dimensões cósmicas; limites entre dor e prazer; êxtase "vulcânico", cores brilhantes; explosões e incêndios; orgias sadomasoquistas; assassinatos e sacrifícios de sangue, participação ativa em terríveis batalhas; atmosfera de aventuras selvagens e explorações perigosas; intensos sentimentos sexuais orgiásticos; cenas de haréns	Enorme descompressão, expansão do espaço, visões de salões gigantescos; luz irradiante e belas cores (azul-celeste, dourado, arco-íris, penas de pavão); sentimentos de renascimento e redenção; apreciação de um caminho simples de vida; intensificação sensorial; sentimentos fraternais; tendências humanitárias e caritativas; ocasionalmente, atividades maníacas

II - A Estrutura Holística da Consciência

	MBP I	MBP II	MBP III	MBP IV
FENOMENOLOGIA DAS SESSÕES DE LSD	mergulho cósmico; ideação paranóide; sensações físicas desagradáveis (ressaca, calafrios, espasmos finos, gostos esquisitos, mau gosto, sentimento de ter sido envenenado); associação com várias experiências transpessoais (elementos arquetípicos, memórias raciais e evolutivas, encontro com forças metafísicas, experiências de encarnações anteriores, etc.).	decrepitude, morte, etc.) absurdo e ausência de significação da existência humana; "mundo de cartolina", atmosfera de artificialidade e de insignificância; cores escuras agourentas e sintomas físicos desagradáveis (sentimentos de opressão e compressão, mal-estar cardíaco, rubores e calafrios, suor; respiração difícil).	e carnavais; experiências de morte e renascimento; envolvimento em sacrifícios religiosos sangrentos (Asteca, sofrimento e crucificação de Cristo, Dionísio, etc.); intensas manifestações físicas (pressões, dores, sufocação, tensão muscular e descarga em tremores e espasmos, náusea e vômito, ondas de calor e calafrios, suor, mal-estar cardíaco, problemas de controle esfincteriano, zumbidos nos ouvidos.	e sentimentos grandiosos; transição a elementos de MPB I; sentimentos agradáveis podem ser interrompidos por "crises umbilicais"; dores agudas no umbigo, perda da respiração, medo de morte e de castração, mudanças no corpo, mas não há pressões externas.
FASES DE LIBERTAÇÃO DO PARTO	União Primal com a mãe	Antagonismo com a mãe	Sinergia com a mãe	Separação da mãe

Grof classificou as experiências transpessoais, obtidas em sessões psicodélicas, em duas categorias principais (Ver Quadro II, pp. 61 e 62). Num primeiro grupo estão as experiências de expansão da consciência dentro da estrutura da "*realidade objetiva*" ou as que são compreensíveis e aceitáveis do ponto de vista do nosso mundo fenomenal. As experiências da categoria **1** são subdivididas em dois itens: o **1A**. Expansão Temporal, e o **1B**. Expansão Espacial.

O item Expansão Temporal refere-se a relatos de vivências que são interpretadas pelos próprios indivíduos como "*regressão no tempo histórico e exploração de seu passado biológico ou espiritual*". Assim, a partir do nível perinatal, podem ocorrer os episódios identificados como memórias fetais e embrionárias ou seqüências vívidas do nível da consciência celular, os quais podem refletir a existência na forma de um esperma ou óvulo no momento da concepção. A regressão pode atingir faixas mais profundas do inconsciente e, ao transpor o nível perinatal, têm-se as revivências das memórias ancestrais e aquelas relativas ao inconsciente racial e coletivo. Em alguns casos, os indivíduos têm o sentimento de reviver episódios de suas existências em encarnações passadas.

E no item Expansão Espacial estão as experiências que implicam a transcendência das barreiras espaciais da consciência. Nessas vivências o indivíduo pode sentir-se conectado a outra pessoa em estado de "*unidade dual*", a grupos de pessoas ou pode experimentar uma expansão da consciência que se estende a toda a humanidade. Eventualmente, a expansão espacial pode transcender os limites da experiência especificamente humana e o indivíduo identifica-se com a consciência animal, vegetal ou ainda com objetos inanimados ou processos.

Uma importante categoria de experiências transpessoais que envolve a expansão de tempo e/ou espaço são os vários fenômenos da PES (percepção extra-sensorial), tais como as experiências de OBE (**out-of-body experience**), telepatia, precognição, clarividência, clariaudiência e "*viagens no tempo e espaço*".

No grupo **2**, a expansão da consciência parece ir além do mundo fenomenal e do **continuum** espaço/tempo, como o percebemos

QUADRO II - EXPERIÊNCIAS TRANSPESSOAIS

1. Extensão (ou expansão) experiencial dentro da estrutura da "*realidade objetiva*": as que são compreensíveis e aceitáveis do ponto de vista do nosso mundo fenomenal.

    A) • Expansão temporal da consciência

    • Experiências perinatais

    • Unidade cósmica

    • Engolfamento cósmico

    • "*Sem-saída*" ou inferno

    • Conflito morte/renascimento

    • Experiência morte/renascimento

    • Experiências embrionárias e fetais

    • Experiências ancestrais

    • Experiências coletivas e raciais

    • Experiências filogenéticas (evolucionárias)

    • Experiências de "*encarnações passadas*"

    • Precognição, clarividência e "*viagens no tempo*"

    B) • Expansão espacial da consciência

    • Transcendência do ego em relações interpessoais

    • Identificação com outras pessoas

    • Identificação grupal e consciência grupal

    • Identificação animal

    • Identificação vegetal

- União com a vida e com toda a criação
- Consciência da matéria inorgânica
- Consciência planetária
- Consciência extraplanetária
- Experiências "*fora do corpo*", viagens clarividentes, "*viagens espaciais*" e telepatia

C) • Constrição espacial da consciência, consciência de órgão, tecido ou célula.

2. Extensão (ou expansão) experiencial além da estrutura da "*realidade objetiva*".

- Experiências de outros universos e de encontros com seus habitantes
- Experiências arquetípicas
- Experiências de encontros com divindades bem-aventuradas e furiosas
- Ativação dos **chakras** e despertar do poder serpentivo (**kundalini**)
- Consciência da mente universal
- O vácuo supracósmico e metacósmico

em nossa vida diária. São exemplos os encontros com entidades espirituais de pessoas falecidas ou com entidades espirituais supra-humanas, cuja existência é atribuída a universos paralelos. Temos também as experiências arquetípicas, as de encontro com divindades bem-aventuradas e furiosas; as experiências que mostram semelhanças com aquelas descritas nas várias escolas de Yoga Kundalini, como a ativação e abertura dos chakras do indivíduo e as experiências de sintonia da mente individual com a Mente Universal ou com o Absoluto. O grau mais profundo de todas essas experiências é considerado como o *"vácuo-supracósmico" ou "metacósmico"*, o misterioso *"vazio"* primordial ou *"nada"* que é consciente de si mesmo e contém toda a existência em forma germinal.

3
A Cartografia da Consciência Proposta por Robert S. De Ropp

O bioquímico De Ropp inclui em seu campo científico de pesquisas vários interesses, entre os quais: o estudo do câncer, das doenças mentais, da bioquímica do cérebro; tendo mesmo realizado, durante trinta anos, experiências de indução de *"estados alterados de consciência"* por meio de drogas psicodélicas e outros procedimentos.

Em sua obra *"The Master Game"* (1968), De Ropp apresenta uma síntese de suas descobertas sobre a consciência humana. Propõe a *"Psicologia Criativa"* como um método de ampliação da consciência, que integra informações dos muitos procedimentos já existentes. A *"Psicologia Criativa"* envolve a aplicação de exercícios que atuam nos vários aspectos do comportamento humano, o instintivo, o motor, o emocional e o intelectual.

O trabalho *"criativo"* leva o ser humano a exercitar certos poderes latentes, a conseguir novos e profundos **insights** sobre si próprio e a criar, por meio de seus esforços, uma nova forma de ser (um segundo nascimento).

Em seu livro (op.cit.) De Ropp expõe uma cartografia da consciência, baseada, principalmente, no *"sistema de psicologia e cosmologia"* desenvolvido por Gurdjieff, tal como foi exposto por seu discípulo Ouspensky nos livros "Psicologia da Evolução Possível ao Homem" (1981) e "Fragmentos de um Ensinamento Desconhecido" (1978).

De acordo com o *"filósofo e mestre espiritual"* Gurdjieff, o estado de vigília, o mais comum de todos, é, na verdade, um estado de *"adormecimento"*, de *"automatismo"* e de *"condicionamento"*. Assim sendo, a *"consciência lúcida"* ou *"consciência desperta"* deveria ser chamada *"sono desperto"* ou consciência relativa. Os estados de vigília e sono alternam-se na vida de praticamente todas as pessoas; no entanto, além desses, o homem poderá conhecer outros dois estados: a *"consciência de si"* e a *"consciência objetiva"*. Esses dois últimos estados só são acessíveis através de prolongado *"auto-estudo"* e *"trabalho sobre si mesmo"*, sob a orientação de um instrutor experiente.

Há, ainda, para De Ropp, evidências de que o homem pode experimentar cinco níveis de consciência:

Primeiro Nível	O Sono sem Sonhos
Segundo Nível	O Sono com Sonhos
Terceiro Nível	O Sono Acordado (identificação)
Quarto Nível	A Transcendência do Eu (consciência de si)
Quinto Nível	A Consciência Cósmica (consciência objetiva)

3.1. O Sono sem Sonhos

Nesse estado, há a impressão de uma ausência total da consciência. As atividades do ser humano estão reduzidas à manutenção da sobrevivência: respiração, batimentos cardíacos, alguns processos instintivos, etc. Porém, não há conhecimento desses procedimentos.

3.2. O Sono com Sonhos

Durante o período de sono, o homem não permanece no primeiro nível de consciência durante todo o tempo. De acordo com leis ainda desconhecidas, há mudanças de um estado para outro, a períodos regulares, surgindo o sonho neste segundo nível.

O nível do sonho de há muito tem sido tema de importantes estudos; Freud, o pioneiro, após prolongados estudos, escreveu sua "*Interpretação dos Sonhos*" (1900), considerada uma das mais importantes contribuições ao estudo do material onírico.

Jung, ao postular a existência do inconsciente coletivo, apresentou uma concepção mais ampla dos sonhos. Na Psicologia Analítica, as imagens oníricas, além de terem valor como símbolos de acontecimentos ontogenéticos, que correspondem ao inconsciente individual, contêm também toda uma simbologia proveniente da filogênese e/ou de um registro comum a toda a humanidade.

Em seus estudos, Ouspensky, citado por De Ropp, divide os sonhos em três categorias: os sonhos caóticos, os sonhos dramáticos e os sonhos de revelação. Os sonhos ditos "*caóticos*" podem ser ou muito aterrorizantes ou muito hilariantes, mas um ou outro se caracteriza pela falta de estrutura em seu conteúdo, o **nonsense** é patente. Já os sonhos "*dramáticos*" apresentam uma "*estória*" *ou* "*enredo*" com uma certa seqüência lógica. Nessa categoria estão incluídos os sonhos de criatividade, que expressam potenciais latentes que, por várias razões, não se manifestam durante o estado de vigília comum. Por fim, os sonhos "*de revelação*", além de raros, são muito expressivos. O sonhador, durante esse tipo de sonho, tem a impressão de que "*um poder superior*" está tentando revelar algo a ele. Uma característica marcante dos sonhos "*de revelação*" é a enorme emoção que os acompanha, às vezes descrita como um "*sentimento de reverência religiosa*".

3.3. O Sono Acordado (Identificação)

Nesse caso, é preciso entender que o estado de sono não se dissipa totalmente ao despertar. No terceiro nível, a atitude do ser humano para consigo mesmo se caracteriza por uma contínua "*identificação*" com tudo o que prende sua atenção, ou seja, seus pensamentos, desejos, imaginação, etc. Segundo Ouspensky (1981):

"*A identificação é um traço tão comum que, na tarefa de observação de si, é difícil separá-la do resto. O homem está sempre em estado de identificação; apenas muda o objeto de sua identificação.*" (p. 175)

A identificação é um obstáculo ao reconhecimento de si mesmo, pois impede a experiência do "*eu puro*" ou do sentimento de identidade pessoal.

Para atingir estados superiores de consciência, é necessário, antes, todo um processo de conscientização e libertação das auto-identificações parciais, para que a consciência possa se dirigir à realidade interior.

3.4. A Transcendência do Eu (Consciência de Si Mesmo)

Este nível caracteriza-se pela lembrança do próprio ser desidentificada dos papéis sociais e das coisas do mundo exterior.

O estado de "*transcendência do eu*" pode manifestar-se espontaneamente por breves momentos, e deixar por trás de si recordações nítidas e transformadoras. Esses momentos correspondem às *"experiências culminantes"* de Maslow. (1978)

O homem pode ser levado a experimentar esse nível de consciência por alguma emoção religiosa, pela influência de um trabalho artístico, pela perda de um amor intenso ou, ainda, por crises que surgem em situações de perigo e dificuldades. Nessas circunstâncias, o homem revê a si mesmo.

Em certas situações esses momentos fugidios podem se transformar em maneira de existir, uma experiência mais permanente. Nesse caso, as vivências mais evidentes da *"transcendência do eu"* são: a existência de uma dupla consciência de ator e de observador, uma objetiva consciência do eu desidentificada do corpo físico, um senso de desapego, as palavras *"eu"* e *"meu"* deixam de ser expressões significativas, há a libertação da tirania do ego e de todos os medos gerados por ele — o homem sabe para onde vai, o que vai fazer e por que vai fazer.

3.5. *A Consciência Cósmica (Consciência Objetiva)*

Este nível caracteriza-se por apresentar *"a consciência do cosmos"*, isto é, da vida e da ordem do Universo.

Lampejos deste estado podem ser acessíveis a todas as pessoas que o experimentam sem razões aparentes. Podem também ser induzidos por drogas psicodélicas. Correspondem à *"Consciência Cósmica"* descrita por R.M. Bucke (1982), ao material descrito por Allan Watts em *"The Joyous Cosmology"* (1962) e à visão cósmica que Krishna oferece a Arjuna no Capítulo XI do **Bhagavad Gita.**

Segundo De Ropp deve-se entender que é impossível manter esse estado de consciência sem uma prévia preparação dos outros. Penetrar no quinto nível sem esta preparação prévia, através do uso de drogas, por exemplo, pode causar no indivíduo danos irreparáveis, devido às fortes impressões que chegariam à sua consciência. Podemos comparar esta situação a uma máquina elétrica conectada a uma corrente de voltagem muito mais elevada do que poderia suportar. Melhor seria ter um fusível queimado do que a máquina destruída.

O conceito dos cinco níveis de consciência é a base teórica dos ensinamentos da "*Psicologia Criativa*". São chamados teóricos porque, a menos que o indivíduo tenha experimentado os cinco níveis, estes continuarão a ser apenas possibilidades.

Segundo De Ropp, palavras, definições e comentários não descrevem inteiramente o quinto nível. E acrescenta:

"Se alguém quiser descobrir o que há além da fronteira entre o quarto e o quinto nível de consciência, deverá empreender a viagem passo a passo e por meio de seus próprios esforços."

4
A Cartografia da Consciência Proposta por John Lilly

John Lilly, MD, tem realizado pesquisas em vários campos da Ciência, dentre os quais a Biofísica, a Neurofisiologia, a Neuroanatomia, etc. Interessando-se também por Psicanálise, particularmente pelo trabalho de Oscar Ichazo, participou, no Chile, do Grupo de Treinamento de Arica.

Lilly contribuiu para o desenvolvimento da cartografia mental por meio da exploração sistemática de sua própria consciência. Em seu livro *"The Center of the Cyclone"* (1972), relata suas experiências. Em sua obra descreve viagens interiores conseguidas por meio de drogas psicodélicas, privações sensoriais (tanque de isolamento), por gestalterapia, por hipnose e por outros meios.

Baseado em suas experiências pessoais, Lilly enfoca o cérebro como sendo um *"biocomputador"*, cujas possibilidades não foram ainda dimensionadas ou mesmo compreendidas. As inter-relações entre dois ou mais *"biocomputadores"* apresentam inúmeras incógnitas, porém algumas de suas propriedades podem ser verificadas em certos indivíduos ou grupos de indivíduos. Uma das observações de Lilly é a de que o cérebro ou *"biocomputador"* desenvolve um programa no nível mental limitado pelas idéias e crenças do indivíduo, ou seja, suas experiências são limitadas por sua imaginação. No entanto, como no território da mente não há fronteiras, essas devem ser transcendidas.

Nos trabalhos desenvolvidos por Ichazo no Instituto de Arica, Chile, Lilly encontrou uma cartografia da consciência onde pôde localizar, com certa lógica, suas experiências interiores. Ichazo utilizou os números vibracionais de Gurdjieff para especificar os distintos estados de consciência.

De acordo com Lilly, quase todas as pessoas, em algum momento de suas vidas, experimentam a maioria desses estados, espontaneamente. E, para Lilly, todos esses estados são parte da herança humana, aberta e disponível para a maioria das pessoas. Podemos citar como exemplo o relato do próprio Lilly das experiências que pôde localizar no mapa de Ichazo:

"... Uma boa parte de minha vida passei no nível 48, aprendendo e ensinando. Outra boa parte estive no nível +24, trabalhando em laboratório (pesquisas com golfinhos), escrevendo ou realizando atividades similares; às vezes, enquanto trabalhava, deslizava para os estados 96 ou -24 e continuava trabalhando, apesar de não ser mais algo prazeroso. Na minha primeira viagem com LSD, estive principalmente no nível +12, apesar de que o episódio no qual fui para o céu no trono de Deus me pareceu ser +6. Em coma próximo da morte, em 1964, estive em +3 e +6. Os episódios com guias foram no nível +6. A viagem por hipnose foi em +6. O meu episódio +3 foi aquele no qual me foi mostrado como o Universo foi criado, expandido e contraído de novo até um ponto, desaparecendo no vazio. Meus ataques de enxaqueca foram no nível -12, no tanque de isolamento estive no estado -3 por um grande período de tempo..." (p. 15)

II - A Estrutura Holística da Consciência

No Quadro III (pp. 73, 74 e 75), encontram-se vários níveis vibracionais positivos e negativos. Os níveis positivos (+3, +6, +12, +24) correspondem aos estados de **satori** e os níveis 96, 192, 384 e 768 correspondem aos estados de **anti-satori** (-24, -12, -6, -3). O nível 48 é neutro, trata-se do estado no qual operamos nosso *"biocomputador"* humano; a situação emocional é neutra, porém as energias podem ser altas. Nesse nível de consciência, a pessoa

QUADRO III. NÍVEIS DE CONSCIÊNCIA

NÍVEIS DE VIBRAÇÃO DE GURDJIEFF	ESTADOS DE CONSCIÊNCIA	SAMADHI	DESCRIÇÃO
3	+3	Dharma-Mega Samadhi	Realizando o Ma'dhi. O satori clássico. Fusão com a mente universal, união com Deus, um dos criadores da energia a partir do vazio, no qual Ma'dhi, centro espiritual no alto da cabeça.
6	+6	Sasmitanir	Realizando o Buda. Uma fonte precisa de consciência, energia, luz e amor. Ponto de consciência, "viagem astral", clariaudiência e clarividência progressivas, fusão com outras entidades no tempo. No centro mental do Caminho.
12	+12	Sananda	Estado de bem-aventurança, realizando o Cristo, o qutub verde, realização do Baraka, recepção da graça divina, do amor cósmico, da energia cósmica, da elevada consciência do corpo, da mais elevada função da consciência corpórea e planetária, estando num estado de energia LSD positivo. No centro Oth emocional, no peito.

NÍVEIS DE VIBRAÇÃO DE GURDJIEFF	ESTADOS DE CONSCIÊNCIA	SAMADHI	DESCRIÇÃO
24	+24	Vicara	O nível do satori profissional ou do satori básico. Todos os programas necessários estão no inconsciente do biocomputador, operando suavemente; o **self** se perde nas atividades agradáveis que conhece melhor e que gosta de fazer. No centro Kath que se movimenta no baixo-ventre.
48	+48	Vitarka	O estado neutro do biocomputador, o estado de absorção e transmissão de novas idéias, para a recepção e transmissão de novos dados e de novos programas, ensinando e aprendendo com facilidade máxima, nem num estado positivo nem num estado negativo, e sim neutro. Na terra.
96	-24		Estado negativo; dor, culpa, medo, fazendo o que se tem de fazer mas num estado de dor, culpa, medo; o estado de ligeira embriaguez; de pequena quantidade de opium; um dos primeiros estágios de falta de sono.
192	-12		Estado corporal extremamente negativo onde o indivíduo ainda está no corpo, como numa intensa crise de dor de cabeça, na qual nossa consciência está recolhida e inibida, e a consciência está apenas na dor presente. A dor é tal que não podemos realizar nossos trabalhos normais. A limitação está colocada dentro de nós mesmos, o indivíduo se isola; um péssimo estado interior.

NÍVEIS DE VIBRAÇÃO DE GURDJIEFF	ESTADOS DE CONSCIÊNCIA	SAMADHI	DESCRIÇÃO
384	-6		Semelhante ao +6, exceto que este é extremamente negativo. É uma situação parecida ao purgatório, situação na qual sente-se apenas uma fonte precisa de consciência e energia, medo, dor, culpa ao extremo, sem sentido proeminente.
768	-3		Parecido com +3, fusão com outras entidades através do universo, porém elas são todas negativas, o próprio eu é negativo e sem sentido. Esta é a quintessência do demônio, o mais profundo inferno o qual pode-se conceber. Este pode ser um estado de energia extremamente alto, de duração eterna desde o ponto de vista do relógio planetário, fica-se aí por poucos minutos. Não há esperança nesse estado. Não há esperança de escapar, fica-se aí para sempre.

está absorvendo dados, programas ou metaprogramas na memória de seu "*biocomputador*". O estado 48 puro requer uma grande integração e unificação, o corpo e a mente devem estar em excelentes condições e o caminho espiritual, bem definido e aceito.

5
A Cartografia da Consciência Proposta por Roberto Assagioli

Em 1910, quando Freud e sua obra eram pouco conhecidos, o médico italiano Roberto Assagioli apresentou tese de doutorado em Psicanálise. Posteriormente, em Zurich, estudou com Eugen Bleuler, o *"descobridor"* da esquizofrenia. De retorno à Itália, praticou Psicanálise durante algum tempo, mas defrontou-se com limitações teóricas e práticas nas concepções freudianas. O abandono da postura psicanalítica coincidiria com o nascimento da Psicossíntese.

Segundo San Keen, editor de *"Psychology Today"* (1974):

"Há mais de meio século, enquanto Freud criava a Psicanálise em Viena, o psiquiatra Roberto Assagioli desenvolvia a Psicossíntese na Itália." (p. 2)

Assagioli reconhece que a Psicossíntese derivou, originalmente, da Psicanálise, porém, de todas as psicoterapias modernas, a junguiana é aquela que mais se aproxima, em teoria e prática, da Psicossíntese.

Autores como Michael Murphy e Stuart Miller, do Instituto Esalen (Califórnia), no entanto, entendem que a Psicossíntese oferece uma visão abrangente, que corresponde à síntese entre a Psicologia Humanista, a Psicologia Transpessoal e a Psicologia baseada na pesquisa e na experimentação. (p. 1)

Em seu livro *"Psicossíntese"* (1982), Assagioli expõe os princípios e as técnicas do processo psicossintético de psicoterapia. Uma das características mais significativas de seu método talvez consista na maior atenção ao *"inconsciente superior"* ou *"superconsciente"* e ao desenvolvimento do **self** transpessoal.

Para Assagioli, o centro da vida psíquica é o **self**, sede das mais altas potencialidades humanas, parcialmente individual e parcialmente universal, do qual o *"eu"* é apenas um reflexo.

Ao *"eu"* Assagioli atribui sete funções: pensamento, intuição, sentimento, imaginação, sensação, impulso e vontade — dedicando amplo espaço à *"vontade"*, como função central do "eu" essencial na experiência de autoconsciência.

Na prática, a Psicossíntese propõe uma psicoterapia holística, cujo objetivo é permitir à pessoa o acesso a todas as áreas de sua personalidade. Para atingir sua meta, a Psicossíntese não rejeita a utilização de certos procedimentos psicanalíticos ou mesmo comportamentais, porém enfatiza que as necessidades de significado de vida, de valores universais e de vivência espiritual são tão reais quanto as outras necessidades, biológicas ou sociais.

Assagioli (1982) apresenta um *"diagrama"* com a representação total da psique.

De acordo com Piero Ferruci, estudioso e colaborador de Assagioli (1982), no modelo "oval", as três divisões horizontais representam o passado, o presente e o futuro.

Desse modo, o Inconsciente Inferior (**1**) representa basicamente o passado psicológico pessoal na forma de complexos reprimidos e de memórias esquecidas. O Inconsciente Médio (**2**) é o lu-

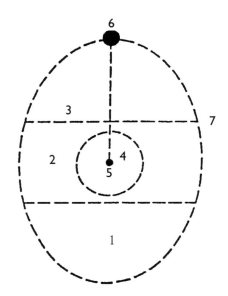

1. O Inconsciente Inferior
2. O Inconsciente Médio
3. O Inconsciente Superior ou Superconsciente
4. O Campo da Consciência
5. O Eu Consciente ou **Self** Pessoal
6. O Eu Superior ou **Self** Transpessoal
7. O Inconsciente Coletivo

gar onde se localizam todas as habilidades e estados da mente que podem ser trazidos livremente para o nosso campo de consciência (4). O superconsciente (3) é a região de nosso futuro evolucionário, o qual compreende os estados de ser, de conhecer e de sentir.

5.1. *O Inconsciente Inferior*

Neste nível, o *"eu"* coloca-se no âmbito do inconsciente inferior, a região mais distante do **self**. Encontram-se aqui:

a. As atividades psicológicas elementares que dirigem a vida do corpo; a coordenação inteligente de funções corporais.
b. Os instintos fundamentais e os impulsos primitivos.
c. Muitos complexos, carregados de intensa emoção.
d. Sonhos e imaginação de uma espécie inferior.
e. Processos parapsicológicos inferiores e não controlados.
f. Várias manifestações patológicas, como fobias, obsessões, compulsões e falsas crenças paranóides.

Para promover seu crescimento, psicológico ou espiritual, o homem deve investigar, inicialmente, o inconsciente inferior.

5.2. O Inconsciente Médio

É formado por elementos psicológicos semelhantes aos de nossa consciência em processo de despertar, que lhe são facilmente acessíveis. Nessa região interior, são assimiladas as nossas várias experiências e elaboradas e desenvolvidas as nossas atividades mentais e imaginativas comuns, numa espécie de gestação psicológica, antes de nascerem para a luz da consciência.

5.3. O Inconsciente Superior ou Superconsciente

Nas palavras de Assagioli, o superconsciente é a região na qual recebemos nossas intuições e aspirações superiores — artísticas, filosóficas ou científicas —, "*imperativos*" éticos e impulsos para a ação humanitária e heróica. É a fonte dos sentimentos superiores, tais como o amor altruísta, a genialidade e os estados de contemplação, iluminação e êxtase.

Para Fierruci (1982) a exploração do superconsciente é uma grande tarefa e a distinção entre o inconsciente "*inferior*" e o "*superior*" ou "*superconsciente*" é uma questão de desenvolvimento, e não de moralismo do homem. (p. 44)

5.4. O Campo da Consciência

Este termo é usado para designar a parte da personalidade da qual possuímos uma percepção direta: o fluxo incessante de sensações, imagens, pensamentos, sentimentos, desejos e impulsos que podemos observar, analisar e julgar.

5.5. O "Eu" Consciente ou "Self" Pessoal

O **self** pessoal (5) é um reflexo ou uma projeção do **self** transpessoal (6), suficiente para dar o senso de identidade no campo da consciência (4). O **self** pessoal predomina no nível da individualidade, onde regula e dirige todos os vários elementos da personalidade.

5.6. O "Eu" Superior ou "Self" Transpessoal

A identificação com o **self** transpessoal ocorre raramente, para alguns indivíduos como culminação de anos de disciplina, para outros como uma extraordinária experiência espontânea.

A percepção consciente do **self** transpessoal também pode ser obtida através do uso de certos métodos psicológicos, entre os quais o *"processo de individuação"* de Jung, o *"sonho desperto"* de Desoille, as *"técnicas de Raja Yoga"*, etc.

O **self** pessoal e o **self** transpessoal são, de fato, a mesma realidade experienciada em níveis diferentes: a verdadeira essência do homem, além de todas as máscaras e condicionamentos.

5.7. O Inconsciente Coletivo

A psique não está isolada. A linha exterior do *"diagrama"* oval deve ser vista como *"delimitadora"*, e não como *"divisora"*. O intercâmbio do **self** individual com outros seres humanos e com o ambiente psíquico geral é constante.

Este último nível (7) corresponde ao que Jung chamou *"o inconsciente coletivo"*, no qual incluem-se elementos de naturezas diferentes, até opostas, notadamente estruturas arcaicas primitivas e atividades superiores dirigidas para o futuro, de caráter superconsciente.

6
A Cartografia da Consciência Proposta por Ken Wilber

O trabalho de Ken Wilber pode ser considerado a principal teorização no campo da Psicologia Transpessoal. Em seu notável livro "*The Spectrum of Consciousness*" (1977), a consciência é assemelhada ao espectro eletromagnético.

A partir dessa analogia, a consciência, tal como qualquer radiação eletromagnética, caracteriza-se por uma multiplicidade de aspectos, níveis ou faixas, correspondentemente aos diferentes comprimentos de ondas eletromagnéticas.

De acordo com a proposta teórica de Wilber, cada escola de Psicologia, psicoterapia ou cada religião tem como referência de enfoques um determinado nível de consciência. Assim, conflitos que surgem entre esses enfoques são justificados por partirem de princípios, ou seja, de níveis de consciência diferentes. E, para Wilber, as escolas psicológicas desenvolveram diferentes teorias sobre o psiquismo humano mas, apesar disso, não encerram pressupostos contraditórios; pelo contrário, são complementares, e cada uma delas apresenta um enfoque do ser humano mais ou menos correto e válido quando associado com o seu nível.

Desta forma, o trabalho de Wilber apresenta uma tentativa de integração de conhecimentos, não apenas das escolas psicológicas convencionais, mas também das principais abordagens da consciência das culturas ocidental e oriental.

Portanto, essa síntese valoriza igualmente a visão de Freud, de Jung, de Maslow, de May, de outros psicólogos renomados e, ainda, de grandes líderes espirituais, desde Buda a Krishnamurti.

No **spectrum**, cada nível surge de um particular dualismo repressão/projeção, o qual resulta numa progressiva restrição do **self** ou "*sentido de identidade*" percebido pelo indivíduo.

E, ainda, cada nível contém em potencial tendências a determinadas patologias, um tipo particular de alienação do Universo a partir de si mesmo, ou um processo inconsciente. Também estão incluídos, em cada nível, aspectos positivos, potencial para o crescimento, virtudes positivas e assim por diante. Quanto às diferentes abordagens psicoterápicas existentes, cada uma delas parece ser mais ou menos apropriada para resolver problemas de um determinado nível.

A evolução do **spectrum** da consciência segue a seguinte direção: a cada sucessivo dualismo repressão/projeção a identidade do homem se restringe e, conseqüentemente, desloca-se de nível sucessivamente do Universo (mente) para o organismo (existencial), para a psique (ego), para parte da psique (persona) e geralmente o último nível é a "*sombra*", no qual o indivíduo está mais longe do **self**. (Ver p. 80)

Os termos "*persona*" e "*sombra*", empregados por Wilber, estão ligados a conceitos apresentados a respeito da estrutura da psique pela Psicologia junguiana.

Assim, esse nível é caracterizado por uma fragmentação do ego, no qual o indivíduo se identifica com alguns desses fragmentos e não com outros. Então, aspectos de sua personalidade vistos como desagradáveis (sombra) são negados e, mesmo, reprimidos,

II - A Estrutura Holística da Consciência

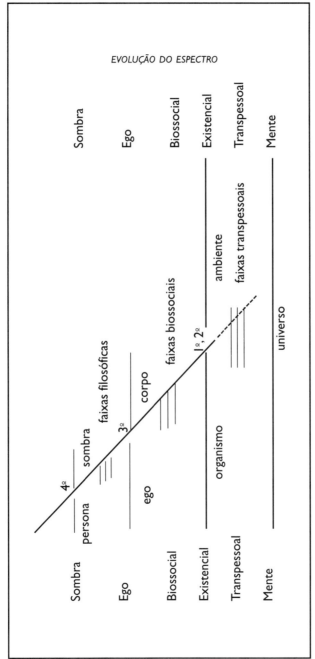

No Espectro da Consciência temos os três níveis maiores:
1. Ego
2. Existencial
3. Mente e os quatro níveis menores: o Transpessoal; o Biossocial; o Filosófico e o nível da Sombra.

enquanto se desenvolve a identificação com uma auto-imagem artificial (persona).

A "*sombra*", como conjunto de atributos alienados do **self**, pode incluir desde aspectos "*maus*" — agressividade, perversidade, inveja, etc. — até aspectos "*bons*" — angélicos, nobres, etc. — com os quais o indivíduo perdeu o contato.

Embora não estando em conexão com o ego, os componentes da "*sombra*" atuam e influenciam os processos conscientes do comportamento, podendo provocar distúrbios tanto de natureza psíquica como somática. Os elementos da "*sombra*" não incorporados ao ego são reprimidos e acabam sendo projetados no mundo exterior e daí passam a ser percebidos pelo próprio indivíduo como ameaçadores.

Para Wilber, são em número de quatro os principais grupos de projeção: projeções de emoções positivas e de emoções negativas, projeções de qualidades positivas e de qualidades negativas.

É tarefa da psicoterapia, ao lidar com o nível da persona, ajudar o homem a aceitar sua "*sombra*", bem como reintegrá-la ao ego, até atingir a identificação com a totalidade de sua psique.

6.1. *Nível do Ego*

No nível do ego, a reunião da "*persona*" com a "*sombra*" implica um alargamento do campo da consciência.

De acordo com Wilber, as psicoterapias ocidentais são primariamente dirigidas ao nível do ego. Isto é, apesar das reais diferenças de forma, estilo e conteúdo, seus principais objetivos são: "*tornar consciente o inconsciente*", "*fortalecer o ego*" e, ainda, "*contribuir para o desenvolvimento de uma auto-imagem mais precisa*". Entre as principais abordagens dirigidas ao nível do ego podemos citar: a Psicanálise, certos aspectos da gestalterapia, a análise transacional, o Psicodrama, etc.

No nível do ego, o homem reintegrou a psique, porém está alienado de seu corpo e, desta forma, o ambiente e o corpo são vistos como ameaçadores para sua existência.

6.2. Nível Existencial

No nível existencial ou do "*centauro*", o homem superou a cisão entre a psique total e o corpo e, como conseqüência, seu sentido de identidade se ampliou, isto é, ele apreende a totalidade de seu organismo ou de sua existência como ser no mundo.

Algumas abordagens terapêuticas são mais adequadas para levar o homem a estabelecer um contato mais ou menos permanente com o nível existencial, entre elas: Hatha Yoga, análise bioenergética, integração estrutural de "*Rolf*", terapia das polaridades, Psicologias Humanistas, terapias de massagem, etc.

Apesar de grandes divergências, todas essas abordagens visam colocar o homem em contato com o "*ser autêntico*" de seu organismo total.

As terapias associadas ao nível existencial subdividem-se em duas classes: aquelas que procedem primariamente através da psique ou mente (existencialismo noético), tais como: análise existencial, logoterapia, terapias humanistas, etc., e aquelas que procedem através do corpo ou soma (existencialismo somático), tais como: Hatha Yoga, terapia das polaridades e integração estrutural ou "*Rolfing*". Algumas abordagens, entretanto, trabalham através de ambos, psique e corpo, como a Bioenergética reichiana e a neo-reichiana.

A associação dessas abordagens com o nível existencial significa que após estabelecer a unidade do ego, estendem a continuidade do processo integrativo até o ponto em que a identidade percebida coincida com o organismo inteiro.

No nível existencial, o homem eliminou a dicotomia psique/soma, o que resultou na identificação com seu ser total, porém estão alienadas do **self** as experiências de contato com o ambiente e com a totalidade do Universo.

6.3. Nível Transpessoal

No **spectrum** da consciência, as faixas transpessoais são intermediárias entre o nível existencial e o nível da consciência da unidade (mente).

Segundo Wilber, nos níveis transpessoais o senso de identidade expande-se para além da individualidade, sendo portanto rompidas as fronteiras entre o organismo biológico e o Universo.

Este é o nível das ocorrências de PES (percepção extra-sensorial), como: precognição, clarividência, telepatia, "*viagem astral*", etc. E, ainda, são incluídas as experiências oriundas do inconsciente coletivo de Jung e as experiências culminantes de Maslow.

Como estado superior da consciência o nível transpessoal implica, ainda que temporariamente ou de maneira incompleta, a suspensão dos dualismos encontrados nos níveis anteriores. No entanto, o **self** é ainda experienciado como sendo mais ou menos separado do Universo.

Assim, pode estar longe a obtenção da experiência da consciência da unidade (mente), na qual a consciência identifica-se com a totalidade do cosmos (percepção não-dual Eu/Cosmos). No entanto, no nível transpessoal o homem já experimenta e reconhece em si mesmo a existência de alguma instância superior ao seu próprio e limitado ego.

As terapias e técnicas mais apropriadas para alcançar o nível transpessoal são: o trabalho com arquétipos e imagens mitológicas na amplificação de sonhos e na imaginação ativa (análise junguiana), as técnicas de visualização derivadas do misticismo (Tibet, Hindu), meditação transcendental, Psicossíntese, diálogos de Progroff ou exercícios similares.

Dessa forma, refletindo a própria vida através do contato com símbolos, arquétipos e imagens mitológicas comuns a toda a humanidade, a consciência adquire uma perspectiva universal, transcendente e despersonalizada.

6.4. Nível da Mente (Unidade)

Chegamos ao nível final do **spectrum**, estágio no qual a consciência é una com a energia básica do Universo.

Como pudemos apreender no trabalho de Wilber, a consciência primordialmente una sofre várias divisões e, posteriormente, reinicia de volta o caminho da não-divisão.

Trata-se de um longo processo de volta, que tem início a partir do momento em que o homem faz a si mesmo a pergunta: "*Quem sou eu?*" Nesse momento, coloca-se em movimento a energia da busca e do reconhecimento de sua verdadeira identidade, e a compreensão de que, como pessoa dividida e inconsciente, deverá tornar-se consciente e não-dividida.

As disciplinas místicas têm como meta eliminar as separações entre a mente, o corpo e o resto do Universo. Entre elas podemos citar o Budismo Zen, o Vedanta, o Judaísmo (Cabala), o Islamismo (Sufismo), o Cristianismo, etc.

7
Conclusão

É possível que a mais objetiva contribuição da Psicologia Transpessoal para a renovação dos conceitos da Psicologia Contemporânea seja a elaboração das *"cartografias"* da consciência apresentadas resumidamente neste trabalho.

As chamadas *"cartografias"* foram desenvolvidas a partir de descobertas independentes de vários pesquisadores que se propuseram a investigar, por diferentes procedimentos científicos, as regiões localizadas em níveis mais profundos, além da consciência comum.

Esses modernos estudos revelaram que as concepções ocidentais a respeito dos estados de consciência são muito limitadas. Em geral, no Ocidente, a Psicologia faz uma única distinção entre o consciente e o inconsciente, enquanto as chamadas *"Psicologias Esotéricas"* há muito distinguem na constituição interna do ser humano estados de consciência altamente diferenciados.

De certo modo, tal limitação dos meios psicológicos ocidentais decorre do próprio desenvolvimento da Psicologia. Esta, para se afirmar como ciência formal, afastou-se dos problemas relativos à vida psicológica subjetiva. Assim, por um longo período de tempo, os meios acadêmicos se preocuparam, primordialmente, com os aspectos e manifestações exteriores do comportamento.

Portanto, o advento da Psicologia Transpessoal vem demonstrar que a problemática concernente à vida interior ou subjetiva não deixou de representar desafios à pesquisa psicológica atual.

Por outro lado, a abordagem transpessoal da consciência apresenta perspectivas mais amplas que as formulações da Psicologia clássica e constitui um complemento teórico essencial que visa evitar que experiências de natureza não-ordinária continuem sendo subestimadas ou malcompreendidas.

Em relação aos modelos apresentados, deve ser feita uma restrição ao fato de que estes são quadros estruturais estáticos da constituição interior do ser humano e, como tal, não incluem o caráter dinâmico, essencial ao funcionamento psicológico.

Apesar desta ressalva, o conjunto dos trabalhos de diferentes autores possibilita estabelecer comparações entre as várias descrições da consciência humana, bem como buscar correspondências entre as diferentes cartografias expostas, pois os autores referem-se aos mesmos níveis de consciência, cada um com sua terminologia peculiar.

Para os níveis mais externos da psique tem-se: o nível psicodinâmico de Grof, o sono acordado de Ropp, o estado das "48" leis de Lilly, o nível do ego de Wilber e o inconsciente inferior de Assagioli. Esses estados são muito enfatizados pelas teorias psicológicas tradicionais como campo de trabalho.

Podem ser tidos como níveis intermediários o perinatal de Grof, a transcendência do eu de Ropp, o estado +12 de Lilly, o existencial de Wilber e o inconsciente médio de Assagioli. Nesses níveis, encontra-se a região crítica na qual ocorrem as mudanças interiores e as crises existenciais. Representa, também, a transição do nível pessoal para o transpessoal.

A literatura espiritualista reconhece os níveis citados anteriormente como "*o despertar*" ou "*o renascer*" do ser humano. É nesse estágio que o homem começa a inquirir-se sobre os fundamentos de sua existência como ser individual e cósmico, sobre o seu relacionamento com outros seres, sobre a natureza do Universo, a morte e sua posição na criação. Geralmente, tais reflexões culminam com profundas alterações na escala de valores e no comportamento.

As regiões mais internas ou sutis estão compreendidas nos níveis: transpessoal de Grof, consciência cósmica de Ropp, o estado +3 de Lilly, faixas transpessoais e consciência da unidade de Wilber, e superconsciente e inconsciente coletivo de Assagioli. Tais níveis são considerados "*estados últimos*" (Sutich, 1968) ou "*estados finais*" (Maslow, 1979) da consciência, o que nos leva a admitir a existência de um limite na evolução da consciência humana.

Observa-se nesses "*mapas*" que, partindo dos níveis externos para os internos, a consciência do "*ego*" ou "*eu pessoal*" desaparece e, dessa forma, as limitações impostas pelos condicionamentos do estado de vigília deixam a consciência apta para funcionar com maior liberdade.

Há um ponto implícito nas orientações das diferentes cartografias, ou seja, uma suposição evolucionária da natureza humana: a evolução da consciência define a evolução biológica, e não o inverso.

A Psicologia Transpessoal fundamenta-se no processo de evolução da consciência, nas palavras de Boorstein (1980):

"*A consciência, uma vez aceita como ponto final infinito, penetra em todos os aspectos do pensamento e do sentimento humano (...) Ela fornece uma direção única para cada indivíduo aceitar sua presença em si próprio.*" (p. 7)

A cartografia do espaço interior é uma tentativa de clarificar em profundidade os principais enfoques dos sistemas psicológicos e filosofias espirituais tradicionais no sentido de uma abordagem unificada e ao mesmo tempo diferenciada dos níveis da psique humana.

Trata-se de um conceito de importância fundamental, pois o espectro da consciência humana, em sua totalidade, não pode ser descrito por meio de um único sistema psicológico. E cada nível importante da consciência requer um quadro explicativo diferente.

CAPÍTULO III

Psicoterapia de Orientação Transpessoal

1
Origens

A Psicologia Transpessoal surgiu a partir de um movimento iniciado nos Estados Unidos, particularmente na Califórnia, durante os anos sessenta. Esse movimento tornou-se conhecido como a "*quarta-força*", em Psicologia, após o Behaviorismo, a Psicanálise e a Psicologia Humanista.

Os movimentos citados representam as importantes revoluções conceituais que marcaram a Psicologia e a psicoterapia do século XX. O Behaviorismo e a Psicanálise, ocorridos mais ou menos na mesma época, caracterizavam-se por serem reações contra a ênfase sobre a consciência da Psicologia tradicional. (Matson, 1975)

A Psicologia Humanista, por sua vez, uma oposição à orientação mecanicista e reducionista dos movimentos anteriores, foi denominada de "*terceira-força*". Conhecida também como "*Movimento do Potencial Humano*", ela enfatiza as habilidades de mudanças e crescimentos individuais em contraste com os enfoques das teorias psicanalítica e behaviorista que visualizam o homem como um ser robotizado, dominado por seus hábitos. (Mintz, 1983)

A Psicologia Transpessoal como filosofia e como método de psicoterapia situa-se muito próxima da Psicologia Humanista, da qual é um desdobramento histórico, tanto que entre seus principais iniciadores encontram-se os promotores da "*terceira-revolução*": Abraham Maslow e Anthony Sutich. Esses dois homens, que já haviam desempenhado um importante papel na história da Psicologia Humanista, promoveram a cristalização e a consolidação das tendências isoladas do novo movimento acadêmico. (Grof, 1984)

Em 1961, foi fundado o *Journal of Humanistic Psychology* e seu primeiro número já apresentava a declaração de objetivos da revista, baseada na definição da "*terceira-força*", escrita no verão de 1957 pelo Dr. Maslow. E, nos seguintes termos, comunicava que:

"*A Revista de Psicologia Humanista foi fundada por um grupo de psicólogos e profissionais de outras áreas, interessados naquelas capacidades e potencialidades humanas que não têm colocação sistemática — nem na teoria positivista e behaviorista, nem na teoria psicanalítica clássica —, tais como: criatividade, amor, self, crescimento, organismo, satisfação de necessidades básicas, auto-realização, valores superiores, transcendência do ego, objetividade, autonomia, identidade, responsabilidade, saúde psicológica e conceitos relacionados.*"
(Sutich, 1969)

Em agosto de 1963, fundou-se a *American Association for Humanistic Psychology*, e, por essa época, entendia-se que o objetivo básico da Psicologia Humanista era a "*auto-realização*" ou algo equivalente. (Sutich, 1973)

Contudo, o rápido desenvolvimento da Psicologia Humanista, mais especialmente no ano de 1966, evidenciava a necessidade de uma abertura da orientação humanista para incorporar certas capacidades e potencialidades humanas que haviam sido consideradas de maneira superficial e incompleta na definição original.

O reconhecimento da existência do nível transpessoal da consciência e das experiências ligadas a esse nível, entendidas como aspectos intrínsecos da natureza humana e de que todo indivíduo tem o direito de escolher ou de modificar o seu *"caminho"* para atingir os objetivos transpessoais, foi fundamental para o desenvolvimento da *"quarta-força"*.

Como conseqüência dessa aceitação e da importância atribuída à dimensão espiritual da vida humana, vários psicólogos humanistas passaram a se interessar por uma série de estudos até então negligenciados pela Psicologia Humanista, tais como: o êxtase, as experiências místicas, a transcendência, a consciência cósmica, a teoria e a prática de meditação e a sinergia interindividual e interespécies. (Grof, 1984)

O termo *"transpessoal"* parecia ser o mais apropriado para denominar a nova área de pesquisa que exigia características próprias além dos limites usuais da investigação científica convencional. (Sutich, 1969) Tal termo significa literalmente *"além do pessoal"*, ou *"além da personalidade"*. É preciso reconhecer que a personalidade tem sido aceita como o foco central nas escolas de psicologia anteriores, para as quais o homem é a sua personalidade. A Psicologia Transpessoal atribui menor importância à personalidade; esta é vista apenas como um dos aspectos do ser, com o qual o indivíduo pode, mas não deve, identificar-se. (Vaughan, 1980)

Para Boorstein (1980) o ponto inicial histórico do campo transpessoal é, cronologicamente, mais antigo que sua própria história oral ou escrita, porém sua articulação atual é mais concretamente atribuída a Antony Sutich. Reconhecido como o principal fundador do *Journal of Transpersonal Phychology*, em 1969, e da Associação correspondente, em 1972, Sutich relata:

> *"Em 1968, publiquei um breve estudo anunciando o crescimento de uma nova força na Psicologia, que parecia ser um desdobramento direto da Psicologia Humanista; o estudo intitulava-se 'Psicologia Transpessoal: uma força emergente'."*

Após a publicação desse estudo, tornou-se evidente para ele que essa nova força transpessoal era mais que *"uma superfluidade"*, pois as suposições que jazem por trás da posição transpessoal diferem significativamente daquelas básicas para o *"crescimento centrado"* da posição humanista. Um novo paradigma havia emergido. (Sutich, 1980)

Sutich explorou a consciência no campo da Psicologia Transpessoal e da Psicologia Humanista, tendo estabelecido um elo de ligação entre os dois movimentos, não como um líder carismático, mas como um facilitador. O movimento transpessoal é o único que não tem um líder carismático. (Vaughan, 1984)

Durante os dez primeiros anos de existência da *Association for Transpersonal Psychology*, houve uma rápida evolução e a perspectiva transpessoal transcendeu os limites da Psicologia, da Psiquiatria e especialmente da Psicoterapia.

As descobertas revolucionárias de outras disciplinas, como a Física quântica relativista, a teoria dos sistemas, a Parapsicologia, a Holografia, etc., confirmaram e fundamentaram as constatações apresentadas pelo movimento transpessoal.

A partir de programas educativos empíricos e de seminários promovidos pelos pioneiros do movimento, chegou-se à criação da *International Transpersonal Association* (ITA) em 1978, com Stanislav Grof, Richard Price, Michael Murphy, e outros. (Grof, 1984) Esta Associação dá ênfase ao intercâmbio internacional e multidisciplinar e organiza simpósios regularmente. Tais encontros contribuem para a consolidação do movimento transpessoal.

2
Psicoterapia Humanista e Psicoterapia Transpessoal

A Psicoterapia Transpessoal tem características peculiares que a diferencia das três outras anteriores: a Psicanálise, o Behaviorismo e as Psicologias Humanistas. No entanto, essas diferenças são menos evidentes quando se trata das orientações humanistas e transpessoais, pois, segundo Vaughan (1980):

> *"Ambas são modelos de crescimento orientado mais para a saúde que para a patologia, e ambas são holísticas em direção à meta da pessoa como um todo."* (p. 25)

A psicoterapia humanista, em suas várias orientações, é um passo importante no sentido de uma compreensão holística da natureza humana. Para Grof (1984):

> *"Um dos aspectos fundamentais das abordagens humanistas é o deslocamento da orientação exclusivamente 'intrapsíqui-*

ca' ou 'intra-orgânica' pelo reconhecimento das relações interpessoais, interação familiar e reticulado social. Há, também, a introdução de considerações econômicas, ecológicas e políticas." (p. 110)

Deve-se entender, no entanto, que a dinâmica dos processos intrapsíquicos é de fundamental importância na psicoterapia, porém as abordagens que se concentram exclusivamente no indivíduo e que o tratam de maneira isolada são, por assim dizer, limitadas.

A Psicologia Transpessoal, na condição de uma expansão do movimento humanista, mantém essa ótica e, de certo modo, a amplia pela inclusão e valorização da dimensão espiritual do ser humano. Isto é, a orientação transpessoal tem como conceito fulcral a "*autotranscendência*", o que, em última análise, a diferencia da orientação humanista, cujas metas básicas de desenvolvimento localizam-se na "*auto-realização*" do homem como pessoa. Assim, na psicoterapia transpessoal, a capacidade humana para a "*autotranscendência*", além da "*auto-realização*", é reconhecida como a etapa final do desenvolvimento. (Vaughan, 1980 e Sutich, 1980)

Para Sutich (1973):

"... *a terapia orientada transpessoalmente pode ser descrita como aquela direcionada, direta ou indiretamente, para o reconhecimento, a aceitação e a percepção dos estados últimos.*" (p. 9)

Na orientação humanista, entretanto, a dimensão espiritual pode ser negligenciada, ignorada ou, ainda, invalidada, pois muitos psicólogos humanistas não estão prontos, interessados ou dispostos a explorar os níveis transpessoais da consciência.

Por outro lado, na psicoterapia transpessoal, os impulsos dirigidos para o crescimento espiritual são considerados básicos para a humanização completa do homem. Presume-se que, além das necessidades próprias à sobrevivência, o alimento, o abrigo, relacionamentos, etc., devem ser supridas as necessidades outras ditas *"espirituais"*, para que possa haver um funcionamento completo do ser e para que se obtenha um nível ótimo de saúde psicológica.

Para a psicoterapia transpessoal, o ideal seria uma orientação apoiada em um conjunto integrado e balanceado de aspectos físicos, emocionais, mentais e espirituais do cliente, levando-se em conta, ainda, seu contexto interpessoal, ambiental, cultural, sócio-econômico e político. Tais fatores devem ser identificados e tratados, na medida do possível, pois, comprovadamente, desempenham um importante papel no surgimento das desordens psicossomáticas do ser humano. Para Weide (1973):

"A maior parte do que comumente consideramos sob o nome de psicoterapia pode, apropriadamente, ser chamada de terapia pessoal e/ou interpessoal. Essas diversas terapias convencionais estão primária ou inteiramente relacionadas com o corpo, a mente e as emoções, as inter-relações entre a experiência física, mental ou emocional — tudo dentro de um contexto social. Em contrapartida, a terapia transpessoal diz respeito às inter-relações entre o corpo, a mente, as emoções, e aquilo que podemos chamar de espírito, às vezes num contexto social, às vezes num contexto impessoal." (pp. 7-8)

O psicoterapeuta transpessoal, portanto, deverá procurar trabalhar com a escala completa de aspectos de seu cliente: os patológicos e os sadios, conduzindo o processo terapêutico para uma valorização de suas potencialidades positivas, consideradas não apenas em seus aspectos psicológicos, mas também espirituais.

3
Psicoterapia Transpessoal

A psicoterapia transpessoal decorre de uma expansão ou ampliação do campo da pesquisa psicológica — a Psicologia Transpessoal —, que está relacionada com a obtenção de níveis de saúde e bem-estar que excedem os padrões estabelecidos pela maioria dos conceitos ocidentais de saúde mental. (Walsh, S. Vaughan, 1980)

Na abordagem transpessoal, estão incluídas as metas tradicionais da psicoterapia, como o alívio de sintomas e as mudanças de comportamento e, *"para clientes apropriados"*, pode ser acrescentada uma variedade de metas que visam um trabalho no nível transpessoal.

O modelo de psicoterapia transpessoal tem como foco central a consciência, sendo que esta é tanto objeto como instrumento de mudança. A consciência, especialmente a auto-reflexiva, é vista como a essência, o contexto ou a base do ser humano. (Walsh, S. Vaughan, 1980)

Dentro da perspectiva da psicoterapia transpessoal é reconhecido o potencial humano para experimentar uma ampla gama de "*estados alterados de consciência*". Esses estados, que muitas vezes implicam uma expansão de identidade para além dos limites usuais do ego e da personalidade, são vistos como potencialmente úteis, saudáveis e provavelmente como tendo funções específicas.

O trabalho terapêutico na orientação transpessoal valoriza e facilita a vivência das experiências transcendentais tidas como oportunidades potencialmente valiosas para o crescimento e o desenvolvimento humano. Tais experiências ocorrem tipicamente nos "*estados alterados de consciência*", os quais, algumas vezes, podem ser facilitados por meditação, drogas, a proximidade da morte (possivelmente, também, psicose e atividades humanas naturais como o parto, a música, a dança, etc.), que repentinamente levam a uma intensidade emocional extraordinária.

Na "*Psicologia do Ser*", Maslow (1978) refere-se às experiências de estados superiores de consciência denominadas por ele de "*peak-experiences*" ou experiências culminantes. Em seu estudo experimental que incluía oitenta entrevistas e cento e noventa respostas escritas, Maslow constatou que quase todas as pessoas tinham passado por experiências culminantes, as quais se caracterizam por um momento de paz, felicidade ou de realização suprema. De acordo com as observações de Maslow, as experiências culminantes têm um grande valor terapêutico no sentido restrito de remoção de sintomas, em decorrência de seus efeitos subseqüentes, como: criatividade, amor, introvisão, experiência mística e experiência estética. (p. 130) Esses estados podem, ainda, ter implicações na área da religiosidade. Na ideologia ocidental, eles são chamados de "*conversão*" e na Filosofia ocidental de "*iluminação*". (Mintz, 1983)

A psicoterapia transpessoal tem sido profundamente influenciada pelo Budismo, um dos mais antigos sistemas médico-filosóficos conhecidos, cujo conteúdo ético, religioso e espiritual é de grande profundidade.

Muitos clínicos originalmente treinados nas abordagens ocidentais de terapia têm sido atraídos pelo caráter introspectivo da "*psicologia budista*", a qual é vista como um suporte capaz de auxiliar o homem em sua busca de significado da vida e, na tentativa de compreensão de si mesmo, da mente, e da natureza da experiência.

Uma importante contribuição no sentido da aplicação dos ensinamentos budistas à moderna clínica psicológica foi propiciada por Tarthang Tulku Rinpoche, do Instituto Nyingma de Berkeley, Califórnia, e por Chogyan Trungpa Rinpoche, do Instituto Naropa, em Boulder, Colorado. (Clifford, 1984)

É importante observar que, apesar de ligada e relacionada com disciplinas espirituais, a Psicologia Transpessoal não pode ser considerada uma "*religião*". Como esclarece John Levy (1983):

"*Ela é uma secular psicologia racional, cujo objetivo é examinar o que tem sido propriedade exclusiva das escolas místicas.*"
(p. 43)

Os psicólogos transpessoais estão tentando redescobrir o que tem sido ensinado por grandes "*cientistas do espírito*" em um sem-número de culturas e tradições. O que há de novo na abordagem transpessoal é a integração de tais conhecimentos com o tipo particular de abordagem científica oferecido pela Psicologia ocidental. A Psicologia Transpessoal começou a sintetizar essas faixas essenciais à sabedoria oriental e à Ciência ocidental, para desenvolver uma nova ciência e um novo modo de experimentar a viver.

As descobertas da Parapsicologia e da Psicotrônica muitas vezes são citadas em apoio aos enfoques das psicoterapias transpessoais; entretanto, a PES (percepção extra-sensorial) revela-se um fenômeno de pouca profundidade quando não se leva em conta a perspectiva transpessoal do desenvolvimento ou da evolução da consciência no ser humano.

O ponto de vista ético da psicoterapia transpessoal, no que se refere aos "*poderes*" paranormais, é idêntico àquele encontrado nas escrituras de várias tradições místicas, como o Evangelho Cristão, o **Bhaghavad Gita**, o Yoga **Sutra** de Patanjali, etc.

Os *"poderes"* ou **siddhis**, como são denominados nos textos hindus, têm a conotação de *"perfeições"* e, segundo essa tradição, eles se desenvolvem espontaneamente como subprodutos do processo de autoconhecimento e de evolução da consciência.

Tanto numa base ética hindu como cristã existem advertências quanto aos exageros no uso dos poderes psíquicos, os quais podem ser extremamente prejudiciais e perigosos, causando até mesmo desequilíbrios somáticos e psíquicos, às vezes irreversíveis. Os **siddhis** não devem ser obtidos para proveito próprio e para a manipulação de outros; só podem estar a serviço do amor, da compaixão, da sabedoria e da renúncia. (Clifford, 1984, e Hermógenes, 1982)

Entre os sistemas ocidentais, a Psicologia da profundidade de Carl Jung, também chamada de Psicologia Analítica, foi a que mais explorou os domínios transpessoais da consciência.

No entanto, como observa Grof (1984), certas categorias de experiências transpessoais não estão incluídas na Psicologia junguiana. (1984)

As regiões que foram descobertas e estudadas por Jung e seus discípulos compreendiam a dinâmica dos arquétipos e do inconsciente coletivo, as propriedades mitopoéticas da psique, certos tipos de fenômenos psíquicos e a concordância que existe entre os processos psicológicos e a realidade fenomenal.

E, segundo Grof, na Psicologia de Jung não há um reconhecimento verdadeiro das experiências transpessoais que estabelecem uma ligação com diversos aspectos do mundo material. Encontra-se aqui, por exemplo, a identificação autêntica com outras pessoas, com os animais, com vegetais ou com processos inorgânicos, como revivências de acontecimentos históricos, filogênicos, geofísicos ou astronômicos suscetíveis de dar acesso a novas informações quanto aos diversos aspectos da *"realidade objetiva"*. Jung teria desprezado ou negligenciado o domínio das *"vidas" ou "encarnações"* passadas, que no entender de Grof são fenômenos de uma importância capital para uma psicoterapia de profundidade. (Grof, 1984)

Um ponto em comum nas abordagens analítica e transpessoal diz respeito à visão de ambas sobre a experiência do *"sagrado"* como extrinsecamente terapêutica. (Levy, 1983)

A diferença fundamental entre as duas abordagens encontra-se nas diferentes atitudes em relação à consciência. Assim, a Psicologia junguiana permanece predominantemente relacionada com os *"conteúdos da consciência"*, enquanto a Psicologia Transpessoal relaciona-se fundamentalmente com a consciência em si mesma — sua natureza, estrutura, suas formas variadas — como o contexto de toda experiência. (Walsh, S. Vaughan, 1980)

Quanto à psicoterapia junguiana, Burney considera a *"técnica de imaginação ativa"* desenvolvida por Jung como um modo de meditação *"ocidental"*, comparável a outros de muitas escolas de meditação no Oriente. Porém, em sua abordagem essencialmente ativa, ela também difere das abordagens orientais e, para muitos ocidentais, pode ser mais indicada. (1984, p. 209)

A Psicoterapia Transpessoal também enfoca o aqui e agora, como o fazem os psicólogos da Gestalt.

Entre as abordagens humanistas, as técnicas terapêuticas da Gestalt de Fritz Pearls são as que mais se assemelham à prática transpessoal. Elas insistem essencialmente sobre a experiência do instante presente, com todas as suas características físicas, perceptuais, emocionais, mais do que sobre o entendimento intelectual.

Para Grof (1984), a terapia da Gestalt foi originalmente criada para tratar dos problemas de natureza biográfica, portanto os indivíduos engajados dentro de um trabalho gestáltico sistematicamente experimentam por vezes diversas seqüências perinatais e mesmo de fenômenos transpessoais, como as lembranças embrionárias, ancestrais e raciais, as identificações animais ou de reencontros com as entidades arquetípicas. (p. 122)

Claudio Naranjo (1984) vê a gestalterapia mais como uma abordagem transpessoal do que humanista. Baseia esta afirmação na observação da versatilidade da gestalterapia em movimentar o domínio imaginário, os estados alterados de consciência, o paranormal e, potencialmente, o domínio da própria consciência.

De acordo com Weide (1973), a terapia transpessoal pode ser

descrita, por um lado, como o emprego de energias transpessoais durante uma psicoterapia "*ordinária*" e, por outro lado, como a utilização de conhecimentos psicológicos "*padrão*" para propósitos transpessoais. (p. 7)

Apesar de ter como enfoque central o nível transpessoal, o conteúdo da terapia nunca é exclusivamente transpessoal, uma vez que invariavelmente reflete o espectro completo da experiência de vida do cliente. Subentende-se que níveis diferentes de desenvolvimento, experiência e preocupação devem ser manipulados para a valorização máxima de ambos, cliente e terapeuta. (Vaughan, 1980)

Para incluir as dimensões transpessoais do ser, o terapeuta pode utilizar as técnicas tradicionais, como também outros trabalhos que fogem à rubrica de toda a psicoterapia convencional, como "*as curas psíquicas*" através de energias, exercícios derivados de disciplinas conscientizadoras orientais, Yoga, meditação, etc.

4
Recursos Técnicos em Psicoterapia Transpessoal

A seguir apresentaremos, de modo resumido, alguns recursos técnicos que podem ser utilizados na psicoterapia transpessoal. Trata-se do emprego de formas de trabalho psicologicamente terapêuticas através dos sonhos, da meditação e dos símbolos.

É certo que entre essas opções os sonhos e os símbolos fazem parte do instrumental das psicoterapias convencionais, como as abordagens psicanalítica, analítica, gestáltica, existencial ou psicodramática. No entanto, compreendidas sob a perspectiva do que pode ser chamado de "*potencial ampliado*", seu uso pode facilitar as metas transpessoais.

A meditação tradicionalmente utilizada para o desenvolvimento da consciência está sendo enfocada mais especialmente como papel complementar ou paralelo à psicoterapia.

4.1. O Trabalho com Sonhos

A Psicologia Transpessoal apresenta diversificados interesses relacionados com o campo da Onirologia.

A abordagem transpessoal dos sonhos está aberta para incluir as contribuições dos múltiplos enfoques da consciência onírica, representados por distintos ramos do conhecimento, como a Neurologia, a Antropologia, a Filosofia Oriental, a Parapsicologia, a Mitologia, a Religião, etc.

Em seu campo específico, a psicoterapia de orientação transpessoal não exclui as diferentes formas de trabalho terapêutico que podem ser realizadas através dos sonhos. Em geral, esses procedimentos são vistos como opções válidas, desde que se considere a categoria do sonho e o nível de consciência com o qual ele se acha relacionado.

Assim, de certa forma, as teorias clássicas, elaboradas por Freud e Jung para a interpretação dos símbolos oníricos, podem ser, ambas, valorizadas quando se trata da análise dos sonhos psicológicos ou que dizem respeito ao inconsciente.

Na prática clínica, um psicoterapeuta transpessoal poderá considerar qual enfoque, para a compreensão de um símbolo onírico em particular, seria o mais adequado. Do ponto de vista transpessoal, a significação mais apropriada será aquela explicitada pelo próprio sonhador, tal como propõe Ullman (1985):

> "Uma orientação segura para a aproximação e exatidão do ajuste entre significado e imagem é se a mesma teve um impacto liberador sobre o sonhador, conduzindo-o a uma compreensão maior do sonho." (p. 38)

Entretanto, quando se trata de enfocar os aspectos transpessoais do estado de sonhar, ênfase maior é dada à ampla visão junguiana dos sonhos.

Em contraste com outros teóricos da Psicologia ocidental, Jung enfatizou as estruturas universais da psique expressas nos sonhos, mitos e produtos criativos, muito mais que o próprio desenvolvimento do ego individual. (Staude, 1981)

Foi a partir da observação de seus próprios sonhos e do de seus pacientes que Jung constatou que os sonhos não têm significados fortuitos e que as numerosas imagens mitológicas que emergem de seus conteúdos não poderiam ter sido adquiridas durante a existência.

Essas imagens arquetípicas formam o substrato impessoal da psique humana, o qual Jung chamou de inconsciente coletivo. Esse conceito indica que há conteúdos psíquicos que não foram adquiridos durante sua vida pessoal, porém são inerentes à organização da estrutura psíquica especificamente humana. (Adler, 1979)

O conceito de arquétipo de Jung é derivado da repetida observação de que, por exemplo, os mitos e contos de fadas da literatura mundial contêm motivos definidos que surgem em todos os lugares. Tais motivos encontram-se nos sonhos, fantasias e ilusões individuais. Essas imagens típicas e suas associaçoes refletem o que Jung chamou de arquétipos.

O método junguiano para interpretar os sonhos inclui a *"amplificação"* e consiste basicamente em ver a dimensão universal dos símbolos similares nos mitos e contos de fadas das diferentes culturas.

Portanto, para Jung, que, dentre os teóricos da Psicologia moderna, foi o mais interessado nos ensinamentos do esoterismo do Oriente, a interpretação dos sonhos requer, em primeiro lugar, a compreensão do conceito de inconsciente coletivo e, em segundo lugar, a compreensão dos arquétipos. Esses dois conceitos permitiram expandir a significação dos sonhos do nível pessoal para o transpessoal, coletivo ou individual. (Anderson, 1979)

Entre as formas não-interpretativas de trabalhar com os sonhos, a abordagem transpessoal vê positivamente a inovadora direção técnica dada pela Gestalt. (Pearls, 1977)

No método da Gestalt, o sonhador dá um sumário do sonho e é convidado a estabelecer um diálogo com cada um dos elementos do sonho — animados ou inanimados —, os quais são tidos como representações dos vários aspectos do **self**.

Pearls considerou que cada um desses elementos significa uma tarefa emocional inacabada que restou do passado.

O trabalho com os sonhos, na gestalterapia, parte da convicção freudiana de que os sonhos expressam um significado psicológico. Porém, também está próximo do Budismo em alguns aspectos. Por exemplo, Pearls insiste que o conteúdo que os sonhos mostram não pode ser fragmentado dentro de um modelo de experiência subjetivo/objetivo. E há uma outra similaridade: o trabalho com os sonhos, tanto na gestalterapia como na Yoga tibetana, é mais experiencial do que analítico. (Anderson, 1979)

A Psicologia Transpessoal considera que da atividade onírica ordinária são obtidos dados muito úteis à compreensão dos processos psicológicos, os quais contribuem enormemente para a psicoterapia.

No entanto, apoiando-se em descobertas científicas na área da Parapsicologia, ela leva em conta a existência de outras categorias de sonhos. Tais sonhos referem-se aos eventos psi (telepatia, clarividência e precognição) oníricos.

Segundo Holzer (1976) os sonhos paranormais autênticos constituem por si mesmos mensagens que não requerem interpretações.

Jung admitiu a possibilidade de que os sonhos contenham informações desconhecidas do ego vígil, baseando-se na idéia de que o inconsciente se manifesta nos sonhos. *"Qualificou os fenômenos de percepção extra-sensorial ou fenômenos psi como sincronísticos."* (Matton, p. 170)

Para Hall (1985), os sonhos de eventos sincronísticos, quando são notados, devem ser tratados na mesma base de outro material psicodinâmico, mas com particular ênfase sobre o motivo pelo qual o inconsciente usou a sincronicidade e sobre o que quis chamar a atenção. Nunca se deve *"rechaçar"* a sincronicidade nem atribuir-lhe valor excessivo, pois isso poderá distorcer a estrutura de análise. (p. 117)

Na abordagem transpessoal da consciência onírica também podem ser incluídos os chamados *"sonhos lúcidos."* (Tart, 1969) Trata-se de experiência na qual o ego onírico sabe que está sonhando e tem certo controle sobre o conteúdo do sonho. (Hall, 1985)

Segundo Ullman (1985), algumas pessoas podem ainda dar

um passo adicional e usar a experiência do "*sonho lúcido*" como ponto de partida para um "*teste fora do corpo*"; sentem que estão se afastando do corpo físico e podem se ver dormindo tranqüilamente. (p. 36)

Para Holzer (1976), esses sonhos de OBE (**out-of-body experience**) não podem ser tratados psicologicamente ou através da análise dos símbolos, porque no caso as pessoas realmente vivenciaram claramente aquilo que dizem ter experimentado. (p. 135)

Tart também fala dos **high dream,** o que ele define como:

"Uma experiência que ocorre durante o sono, na qual você se encontra em outro mundo, o mundo do sonho, e na qual você reconhece que está em estado alterado de consciência, o qual é similar, porém não necessariamente idêntico, ao **high** *induzido por um psicodélico."* (p. 174)

Para Williams (1980), alguns sonhos podem ser trabalhados como sonhos transpessoais. Esses sonhos carregam, no conteúdo, material não criado pelo ego ou pela escolha consciente da personalidade.

De acordo com Williams, as experiências transpessoais oníricas podem vir de dentro da psique e da personalidade, tal como da parte do sonho como produto de uma "*fonte*" além do ego ou, em termos junguianos, do **self**. Também podem vir do lado de fora e serem vividos e experienciados como fenômenos psíquicos e realidades transcendentes.

A identificação dos sonhos transpessoais também pode ser estabelecida através dos seus símbolos. Os sonhos que refletem experiências superiores são repletos do simbolismo universal do **self** central e, em razão disto, de energia transcendente.

Esses símbolos muitas vezes oferecem indicações de alguns aspectos da personalidade do sonhador, geralmente um aspecto espiritual que precisa ser desenvolvido. Por exemplo, sonhar com uma parede, uma porta fechada, uma estrada retrocedendo ou escalar montanhas, precipitar-se em abismo, vastas paisagens e outros são símbolos que podem oferecer indícios transpessoais. (Mintz, 1983, e Williams, 1980)

Freqüentemente, esses sonhos de aspectos transcendentes evocam no sonhador sentimentos de reverência em relação aos seus conteúdos. E trabalhar com seus significados promove uma transformação significativa na vida, numa direção curativa e benéfica.

Segundo Hall (1985), no trabalho psicoterapêutico:

"Na amplificação de motivos oníricos, as associações pessoais devem usualmente ser mais importantes do que as ampliações culturais ou arquetípicas, embora alguns sonhos só possam ser entendidos à luz de material transpessoal. O sonho ampliado deve ser firmemente colocado no contexto da vida do indivíduo que o teve." (p. 143)

Apesar dos esforços multidisciplinares na direção da compreensão dos sonhos, entendemos que toda cautela é necessária ao lidar com imagens oníricas. A Psicologia Transpessoal se propõe a acrescentar novos esclarecimentos ao problema dos sonhos, por expandir os limites existentes no nosso entendimento acerca do cérebro e da mente, da vida consciente e inconsciente, da vida pessoal e transpessoal.

4.2. *O Trabalho com Meditação*

Uma tendência, atualmente, se expande na prática da psicoterapia transpessoal: o emprego da meditação. Esse emprego se dá na relação terapeuta/cliente ou no uso individual do terapeuta, ou mesmo do cliente.

Filosoficamente, tal prática decorre diretamente do sistema budista, cujas idéias básicas vêm influenciando acentuadamente a Psicologia contemporânea. Nos trabalhos dos terapeutas transpessoais que se valem da meditação, os termos referentes às diversas concepções do Budismo — o Mahayana, o Vaynayana, o tibetano, etc. — são freqüentemente mencionados como suporte de suas práticas psicoterapêuticas.

Referindo-se às contribuições do Budismo ao Ocidente, o Lama Tarthang Tulku Rinpoche (1982), que se posiciona como budista e terapeuta, assim se expressou:

> *"Em minha opinião, que pode não ser necessariamente a verdade, o Budismo oferece várias contribuições singulares. Uma das mais importantes é a amplitude de sua psicologia. A Psicologia ocidental, apesar de muito prática em certos aspectos, não é completamente abrangente, ainda não descobriu todo o potencial da mente humana. Nesta área, o Budismo tem muito a oferecer, e já existe no Ocidente um sadio interesse pelo Budismo, manifestado por alguns psicólogos e profissionais em terapia."* (p. 71)

Entendemos que os profissionais que se interessam pelo Budismo não pretendem eliminar ou substituir os elementos teóricos e práticos adquiridos em sua formação acadêmica. Por certo, o que se postula, na área da Psicologia Clínica, é a absorção de certos métodos budistas pela psicoterapia convencional, para dotá-la de novas alternativas de trabalho.

É preciso, ainda, considerar que a meditação, como complemento das várias disciplinas orientais, é mais convenientemente desenvolvida nos ashrans, zendos e em outros centros espirituais, nos quais é praticada até levar ao desenvolvimento espiritual que conduz à *"iluminação"*.

No campo específico da Psicologia, está se propondo a aplicação de algumas técnicas ou exercícios de meditação como adjunto ao programa de terapia de clientes selecionados. Terapeutas transpessoais têm considerado seriamente os vários fatores que envolvem a indicação da meditação na terapia.

Deatherage (1980), professor universitário e psicoterapeuta, é diretor do **Valley Mental Health Services**, em Creston, Canadá; tem praticado meditação de *"plena atenção"* (satipatthanna) e estudado Budismo com Chogyan Trungpa e com outros lamas e mestres do Instituto Naropa, como complemento de sua formação profissional.

Em seu trabalho clínico, Deatherage tem aplicado o uso combinado de técnicas de meditação de "*plena atenção*" e de práticas terapêuticas tradicionais, objetivando a solução dos problemas psiquiátricos ou psicológicos de seus pacientes. Baseado em sua experiência, Deatherage afirma que o treinamento da meditação de "*plena atenção*" não se amolda a todos os tipos de clientes, pois sua indicação requer certo grau de racionalização, o que nem sempre ocorre.

Satisfeita essa exigência, a meditação de "*plena atenção*" pode ser a parte primária, secundária ou suplementar de qualquer programa de psicoterapia, dependendo de quão adequada ela seja ao cliente.

Dessa forma, para Deatherage a meditação não é recomendada para clientes psicóticos, senis ou com o cérebro danificado. Enquanto que para o grupo dos chamados neuróticos, tal prática é bastante benéfica, como pode ser comprovado em casos documentados. (pp. 176-187)

Em síntese, o treinamento da meditação de "*plena atenção*" como psicoterapia consiste no aprendizado de algumas técnicas básicas advindas do próprio Budismo:

1. OBSERVAÇÃO DA RESPIRAÇÃO
O cliente é orientado a sentar-se calmamente, em posição confortável e relaxada. Em seguida, é solicitado a focalizar sua atenção no processo respiratório, observando-o. Devem ser estabelecidas pausas entre cada inspiração e a expiração seguinte e, assim, repetir o procedimento, aumentando paulatinamente a duração das pausas, até que eventos mentais, espontaneamente, desviem sua atenção.

2. A IDENTIFICAÇÃO DAS INTERRUPÇÕES
A percepção consciente do processo respiratório é, por vezes, momentaneamente interrompida, enquanto a cons-

ciência acompanha eventos externos — calor, movimentos, sons, etc. — e internos — fantasias, lembranças, sentimentos, emoções, etc.

A identificação e nomeação dos diferentes fatores de interrupção fornece **insights** para os processos únicos de cada indivíduo e salienta a área em que o terapeuta deve trabalhar. Assim, um cliente sempre é interrompido por memórias passadas, outro tem sua atenção desviada por fantasias de realização de atos heróicos, enquanto um terceiro, por desconforto corporal, sono ou desinteresse; o campo de ação do terapeuta torna-se com isso claramente definido.

Para Deatherage, tornar-se consciente dos fatores interruptores primários pode ser significativo diagnóstica e terapeuticamente, pois estes revelam processos habituais não saudáveis. Enquanto é feita a identificação das interrupções em sessões individuais ou de grupo, os elementos obtidos do cliente são trabalhados de acordo com a orientação clínica do terapeuta.

3. A AUTO-OBSERVAÇÃO

Com o auxílio desta técnica, o cliente deve ser levado a perceber que, além dos fatores de interrupção com os quais sua consciência habitualmente se identifica, há uma parcela do seu "*eu*" que é capaz de se auto-observar.

Na filosofia budista, esse processo clínico, que ocorre de maneira monótona na consciência e que faz com que as pessoas passem rápida e continuamente por mudanças de qualidade de pensamentos e estados emocionais, é denominado "*samsara*".

Aprendendo a sentir-se como um observador objetivo de seus processos mentais (samsara), em vez de identificar-se com tais processos, o cliente sentir-se-á aliviado em seus sintomas, desidentificando-se com os fatores de interrupção e focalizando mais no presente.

De acordo com Deatherage, a meditação de "*plena atenção*" é um processo que permite ao indivíduo identificar seus próprios processos mentais num primeiro momento; em seguida permite que o cliente exerça graus crescentes de controle sobre seus processos mentais desconhecidos e descontrolados.

Mintz (1983) tem sugerido a seus clientes a utilização de diferentes técnicas de meditação, tendo por meta atenuar sintomas de **stress**, desenvolver a habilidade de concentração, solucionar problemas, complementar o esforço de autocura, etc.

Nos casos de **stress** ou de ansiedade, Mintz recomenda a seus clientes a meditação clinicamente padronizada de Carrigton, a qual permite ao cliente optar entre vários procedimentos, tais como: contagem da respiração, contemplação da chama, mantras, etc., levando em conta que os intervalos de tempo para tais práticas deve se adequar ao conforto do cliente.

A partir de uma experiência bem-sucedida com um de seus clientes, Mintz vem sugerindo aos demais, com doenças físicas, que visualizem, após uma meditação, seus corpos sadios e perfeitos. Em seu entender, essa técnica não dispensa atenções médicas apropriadas, mas ajuda o cliente no processo de cura.

Para Mintz, a meditação pode ajudar a encontrar a resposta de certos problemas. O procedimento consiste em questionar os pontos relevantes do problema antes da prática da meditação e esperar que a resposta surja, vinda do próprio inconsciente.

Pessoalmente, Mintz põe em prática essa técnica para obter **insight** sobre seus clientes e sobre sua interação com eles. E, tal como Mintz, outros profissionais consideram que o treinamento em meditação tem favorecido muito sua atenção como terapeuta. Weide (1973) assim relata sua experiência pessoal com a meditação:

"*Em certo nível, essa prática assemelha-se à reflexão sobre os clientes já adotada por muitos terapeutas de todos os tipos. (...) Antes da adoção da terapia transpessoal, eu achei que essas reflexões eram muito úteis, principalmente no que dizia respeito ao diagnóstico e a outros processos cognitivos. Atual-*

mente, minhas reflexões continuam produzindo idéias a respeito dos clientes e a respeito de mim mesmo como terapeuta, mas, além disso, elas têm um penetrante sentido de participação em processos mais amplos, de modo a me ajudar a manter uma perspectiva transpessoal maior a respeito da vida em geral e a respeito da terapia em particular." (p.12)

Na área do aconselhamento transpessoal, quando solicitado, o terapeuta poderá colocar-se à disposição para abordar sobre as práticas de meditação e os grupos de desenvolvimento espiritual existentes e, até mesmo, encaminhar adequadamente o cliente. Evidentemente, para orientar ou acompanhar o processo de crescimento espiritual do cliente, o terapeuta deverá ter conhecimentos e experiência de meditação e dos grupos espirituais em atividade.

O conselheiro deve ter o senso sobre qual seria a abordagem mais adequada a um aspirante em particular, ou mesmo intuir se o ideal seria uma abordagem não-meditativa. Seja qual for a escolha, o fundamental é ajudar o cliente a conduzir o processo, levando em conta seu sentido interior. É possível, ainda, a situação na qual o terapeuta medita com os clientes. Tal alternativa deve ocorrer quando a meditação for considerada por ambos, terapeuta e cliente, como um significativo processo de comunicação transpessoal.

Na psicoterapia transpessoal, a meditação é empregada com propósito terapêutico, para fortalecer a estrutura da personalidade total, para atenuar sintomas, ou para produzir alterações na maneira de ver e de se relacionar com o mundo. Porém, sua utilização não se limita a esses aspectos curativos terapêuticos, mas é primordialmente motivo de sintonia com o nível transpessoal.

A Psicoterapia Transpessoal vale-se da abordagem meditativa como base para o desenvolvimento da consciência, e se move no sentido da dissolução e transcendência do ego pessoal rumo a níveis superiores de consciência.

4.3. O Trabalho com Símbolos

A exploração do potencial evocativo de certos símbolos aos quais são atribuídos significados somente ou predominantemente transcendentes pode ser utilizada para promover a experiência transpessoal.

Trata-se, dessa forma, do emprego consciente de símbolos que, além de funcionarem como reveladores dos processos psicodinâmicos, tendem a aproximar, gradualmente, os elementos pessoais e os transpessoais da consciência.

O trabalho sistemático com esses símbolos é feito por meio de aplicação de exercícios psicoespirituais ou elaborados com propósitos transpessoais. Basicamente nesses procedimentos estão presentes as técnicas de visualização e/ou fantasias, em grupo ou individualmente.

Assagioli (1969) refere-se a quatorze categorias ou grupos de símbolos que mais especialmente designam as experiências e realizações transpessoais abertas ao homem:

1. Introversão
2. Aprofundamento, descida
3. Elevação
4. Expansão
5. Despertar
6. Luz, iluminação
7. Fogo
8. Desenvolvimento
9. Fortalecimento, identificação
10. Amor
11. Caminho, senda e peregrinação
12. Transmutação, sublimação
13. Renascimento, regeneração
14. Libertação

Assim, por exemplo, Assagioli (1982) faz uso de imagem para explorar o significado de um símbolo no *"exercício sobre a floração da rosa*" (pp. 222, 223). Esse exercício tem por fundamento a flor ou, no caso, a rosa como símbolo da alma ou do eu espiritual, conotação que lhe é atribuída por diferentes tradições culturais.

Para Assagioli, a visualização de uma flor, ou seja, a sua transição e desenvolvimento, desde o botão até sua plena florescência, é um símbolo muito eficiente para a estimulação dos processos psicoespirituais que se incluíram na categoria (8), desenvolvimento. O objetivo do exercício do desabrochar da rosa é essencialmente o *"florescimento interior"*.

Uma outra forma de trabalho que faz uso de imagens simbólicas e atinge metas transpessoais é o método do *"sonho acordado dirigido"* de Robert Desoille (1974), que utiliza principalmente os símbolos da ascensão e da descida; no entanto, ele enfatiza a ascensão. Segundo Desoille, a prática do *"sonho dirigido"* possibilita o contato com três zonas do inconsciente. Essas zonas distinguem-se pelo caráter das imagens que apresentam. Assim, tem-se a zona das imagens relativas ao inconsciente pessoal freudiano, a zona das imagens mitológicas e a zona das imagens místicas. As duas últimas simbolizam o inconsciente coletivo (Jung) ou a região transpessoal da psique.

Para Whitmont (1978), a questão da experiência simbólica é de premência e significado para o nosso tempo. Entretanto, a orientação positivista e lógica da cultura ocidental dificulta a aceitação e o trabalho no nível simbólico, na medida em que relega o lado emocional e intuitivo do homem a um plano secundário. Em sua opinião, a expressão da experiência simbólica mais proveitosa e mais compreensiva encontra-se na Psicologia Analítica.

Jung descobriu o poder curativo dos símbolos e das imagens arquetípicas em sua própria experiência, bem como em sua prática clínica. Ele desenvolveu amplamente técnicas para favorecer ou aproveitar o aparecimento de símbolos introduzidos espontaneamente pelo cliente. Para Jung, os símbolos constituem a expressão de uma realidade desconhecida e complexa, que aponta para além de si mesma, para um significado que transcende qualquer formulação intelectual.

Dentro dessa perspectiva, Williams (1980) entende um símbolo como algo que não pode ser capturado dentro da consciência, mas é possível desenvolver um trabalho viável com os símbolos para obter significados. Para Williams, uma definição funcional do símbolo, em termos junguianos, pode ser formulada da seguinte maneira:

> *"Um símbolo é uma imagem ou grupo de imagens que evoca sentimentos, intuições e conceitos, a imagem, ou imagens, por si própria, tem uma base arquetípica. Isto é, o símbolo é a manifestação de um ou mais de um arquétipo primário. Arquétipos podem ser definidos como a essência inata da existência. Em seus níveis mais básicos, eles têm forma e energia que, juntas, manifestam-se funcionalmente."* (pp. 226-269)

A introdução de um símbolo na consciência também pode ser vivenciada através de *"viagens de fantasia"*, sugeridas pelo terapeuta. Esse procedimento é semelhante a certos experimentos da gestalterapia de Pearls. Um exemplo desse tipo de contato arquetípico pode ser o exercício *"homem sábio"* que manifesta o aparecimento do arquétipo do velho sábio de Jung. (Stevens, 1971)

Em síntese, a abordagem simbólica aplicada na forma de exercícios de fantasia e visualização oferece ricas e variadas oportunidades para a vivência dos símbolos de significação transpessoal. Trata-se de um caminho para estabelecer contato com a realidade primordial ou cósmica, cuja linguagem é essencialmente simbólica.

5
Sistemas Psicoterapêuticos Específicos

Na seqüência, descrevemos alguns métodos psicoterapêuticos que foram elaborados a partir do reconhecimento da dimensão transpessoal da experiência humana. Esses métodos têm por meta promover o desenvolvimento transpessoal ou espiritual da consciência.

5.1. A Terapia da Quaternidade

A origem da terapia da quaternidade requer a aceitação de um conceito, não necessariamente implícito no campo da Psicologia Transpessoal, que afirma a continuidade da consciência após a morte física. E, de maneira complementar, a aceitação de que certos "*espíritos*" desencarnados possam ter interesse em comunicar-se com os "*vivos*" para ajudá-los.

Isso porque o método em si foi "*recebido*" por Bob Hoffman, um comerciante de Oakland, na Califórnia, que durante um certo período de tempo dedicava-se ao desenvolvimento de seus canais psíquicos, com o objetivo de transformar sua vida. Assim, em 1967, numa visão clarividente, Hoffman teria sido visitado pelo Dr. Siegfried Fischer, um amigo que havia morrido seis meses antes.

O Dr. Fischer tinha sido um cientista, neurologista e psicanalista ortodoxo muito cético em relação à Parapsicologia e aos fenômenos psíquicos em geral. Porém, a *"aparição"* afirmou que, após sua morte, em outro nível, teve acesso à grande fonte de sabedoria, às mentes dos maiores filósofos da história. E, com todo esse arsenal de conhecimentos, concebeu o *"Processo"* originalmente denominado método Fischer Hoffman, que na opinião do Dr. Fischer oferece a resolução há muito procurada para a neurose de falta de amor.

O conceito básico do método refere-se à síndrome do amor negativo, vista como uma forma de programação destrutiva. Para Hoffman (1981), o programa é gravado na infância, a partir do amor negativo que recebemos de nossos pais. Ele afeta o nosso ser emocional e intelectual e obscurece o nosso eu espiritual perfeito.

O *"Processo"* fornece, de forma estruturada, os instrumentos para romper o programa que nos impede de vivenciar a espontaneidade amorosa e autônoma. O objetivo específico da reprogramação é reeducar a criança emocional interior, para que abandone seu programa negativo, cresça e una-se ao seu ser espiritual e intelectual, em harmonia dentro do presente.

Durante a terapia, por um período de três meses de duração, o cliente é levado a expressar totalmente a fúria e os ressentimentos por sua mãe e por seu pai, para então tornar a reconciliar-se com ambos por compreender que eles também foram vítimas de circunstâncias anteriores.

A técnica central apóia-se em viagens mentais onde o cliente revive situações autobiográficas negativas, desde a concepção até a puberdade, referentes às suas vivências com seus pais individualmente. Hoffman enfatiza que a regressão ocorre num estado de recepção mental — PSN (percepção sensorial natural) — e, dessa forma, não se trata de fantasia ou de imagem guiada.

A importância da PSN no "*Processo*" é que ela dá aos clientes uma extensa gama de instrumentos para a reprogramação. Dessa forma, lembranças há muito tempo enterradas são trazidas à memória.

Segundo Hoffman, a PSN é uma habilidade natural e, como qualquer outra capacidade natural, algumas pessoas têm o potencial maior ou menor do que outras, mas todos podem ver e ouvir psiquicamente, após instruções básicas e um breve período de prática. Por esse motivo, para Hoffman, o termo PES (percepção extra-sensorial) da Parapsicologia não é adequado, e justifica, "*não é extra, é natural*". (p. 73)

Como procedimento inicial, o cliente é orientado para encontrar seu "*guia*" espiritual em um "*santuário*" pessoal fantasiado e, em todas as sessões seguintes, ele deverá voltar ao santuário quantas vezes quiser, especialmente quando for necessário resolver um problema ou em momentos de paz e relaxamento. O "*guia*" não é considerado uma criação da mente inconsciente do cliente, mas uma entidade espiritual real. E Hoffman adverte:

"*Algumas pessoas encontram falsos guias, que são projeções das suas preocupações ou problemas atuais. Seu guia real nunca é alguém que você conhece ou uma pessoa famosa. Freqüentemente, os espíritos negativos se disfarçam de Jesus, de Buda, ou de outros grandes mestres religiosos. Acima de tudo, seu guia lhe dá ajuda e proteção de um modo sábio e amoroso.*" (p. 78)

Assim, em estágios definidos como "*guia*" e o "*santuário*" particular, o cliente obtém ajuda para desprogramar completamente a síndrome de amor negativo, rompendo-se a cadeia de transmissão de condicionamentos de pais para filhos. Além disso, durante a terapia é realizada uma série de trabalhos como: limpeza, proteção, autobiografia da mãe e do pai, sessões de descarga para destruir a imagem negativa da mãe e do pai, funeral da mãe e do pai visando à reconciliação, dramatização dos componentes da quaternidade (corpo, emoção, mente e espírito), com a finalidade de obter maior integração.

Para Naranjo, psicoterapeuta de formação tradicional, o *"Processo"* da quaternidade contém uma síntese de muitas idéias das religiões, filosofias e movimentos de elevação da consciência de todo o mundo, bem como variações das teorias e técnicas usadas por Freud, Jung, Pearls e Berne.

5.2. *O Curso dos Milagres*

O *"Curso dos Milagres"* (1985) é um sistema de autoterapia psicoespiritual, psicografado anonimamente por um psiquiatra de Nova York, na década de setenta. Fazem parte de seu conteúdo um texto, trezentos e sessenta e cinco exercícios, diários de descondicionamento e desidentificação e uma monografia dirigida ao terapeuta.

Embora o curso dos milagres seja, em sua linguagem, mais uma expressão do Cristianismo, seus enfoques tratam de temas espirituais universais, como a idéia da *"Unidade"* entre todos os seres do universo, bem como da ligação entre o homem e sua origem cósmica.

O curso não é basicamente um culto e não depende de um líder, de um guru e nem mesmo de organização. Trata-se de um guia completo e radical de avaliação de si mesmo e do mundo. Sua orientação capacita cada ser humano para o encontro com seu *"mestre interior"*, obtido através da sintonia com o espaço e com a sabedoria da vida interior.

O curso visa ativar certas capacidades humanas latentes, como a compaixão, o perdão e a paz que, segundo sua premissa básica, encontram-se adormecidas.

De acordo com o curso, há somente duas emoções básicas: o medo e o amor. O medo está diretamente relacionado com a idéia da separação dos aspectos da realidade, tal como esta é percebida no nível do ego. O curso ensina como distinguir a voz do ego (medo) e a voz da sabedoria (amor) e, desse modo, removendo os sentimentos de separação, capacita-nos para a auto-realização e para um melhor relacionamento com os outros.

A "*cura*" implica uma nova visão da realidade, liberta do temor relacionado com o futuro e da culpa relacionada com o passado.

Os "*milagres*" observados no decorrer ou após um ano de trabalho resultam de uma mudança de percepção de si mesmo e das mais diversas situações da vida. Segundo o livro, o verdadeiro e único milagre é o "*Amor*".

5.3. *A Hiperventilação*

A hiperventilação é apresentada por Grof (1984) como um método que pode ser aplicado com objetivos terapêuticos, transpessoais ou de investigação.

Grof relata ter desenvolvido a técnica da hiperventilação enquanto realizava seu trabalho terapêutico com pacientes psiquiátricos no Instituto Esalen (Califórnia), onde, inicialmente, empregou-a com propósitos curativos.

De acordo com as observações de Grof, como procedimento terapêutico a hiperventilação revelou-se muito potente para a exploração do eu e para a cura de neuroses e psicoses. Trata-se, em sua opinião, de uma terapia de grande eficácia, a qual permite aos pacientes submetidos à sua aplicação dispensar o uso das drogas. Ela permite também acesso aos domínios transpessoais da consciência.

Para obter tais resultados, a técnica utiliza, basicamente, os efeitos da respiração no inconsciente (ab-reação) por meio de uma orientação introspectiva.

O controle da respiração para produzir modificações de consciência tem desempenhado um papel essencial dentro de certas práticas advindas da Índia antiga e dentro de outras tradições espiritualistas. Entretanto, os exercícios respiratórios alcançaram especial desenvolvimento no sistema de Yoga conhecido pelo nome de **pranayama**, no qual Grof reconhece ter-se inspirado para conceber a hiperventilação.

Na aplicação da técnica, o indivíduo é convidado a deitar-se, fechar os olhos, relaxar, concentrar a atenção na respiração e a manter um ritmo respiratório mais rápido do que o habitual. A ab-reação e as manipulações exteriores são desencorajadas dentro desse contexto, no sentido de evitar modificar o processo natural que está acontecendo.

Nessa fase inicial, durante a qual apenas a respiração intensa é focalizada, a música de sonoridade variada é utilizada para evocar conteúdos do inconsciente. Após um intervalo que varia de um indivíduo para outro, mas que em geral se situa entre quarenta e cinco a sessenta minutos, as tensões tendem a se reunir na forma estereotipada de uma armadura muscular.

As regiões de contrações que se desenvolvem correspondem aproximadamente aos centros de energia psíquica ou **chakras** do sistema da Yoga **Kundalini**. Essas zonas de constrição se apresentam sob a forma de uma cinta de pressão ou de dor intensa, que em geral se caracteriza por: pressão na fronte ou nos olhos, constrição da garganta acompanhada de tensão, de estranhas sensações em torno da boca, de endurecimento da mandíbula ou queixo, opressão do peito, do umbigo e do baixo abdômen. Em alguns indivíduos, os braços e as mãos, assim como as pernas e os pés, são as zonas de contrações características, por vezes dolorosas.

No decorrer do processo, as zonas de constrição permanecem ativas, até que, por ação da hiperventilação, as tensões ou repressões sejam totalmente liberadas. No final de cada aplicação, o participante recebe lápis de cor ou de cera e uma grande folha de papel, sobre o qual ele deverá traçar um círculo. Ele é orientado para fazer o círculo como bem entender. Pode ser uma simples justaposição de cores, um desenho composto de figuras geométricas ou um desenho figurativo complexo.

A **mandala** resultante representa uma síntese da experiência vivenciada durante a sessão. E um caderno de **mandalas** de várias sessões ilustra de maneira contínua o processo de exploração do eu.

A hiperventilação proporciona um estado ampliado de natureza espiritual, geralmente de visões e de sentimentos de amor. Para Grof, esse estado tem todas as peculiaridades das experiências místicas, podendo mesmo ser profundamente significativo para o indivíduo que o experimenta.

Grof considera que, dentro do quadro do modelo médico, a reação particular à hiperventilação — as contrações das mãos e dos pés — pode ser considerada como uma reação fisiológica obrigatória a uma respiração rápida e intensa, e pode ser qualificada de síndrome da hiperventilação. Nesse caso, o indivíduo se agita num sinal de alarme, que é tratado por meio de tranqüilizantes e de injeções de cálcio e de um saco de papel colocado sobre o rosto, quando esse fenômeno se manifesta ocasionalmente nos pacientes neuróticos e sobretudo nas pessoas histéricas.

No entanto, Grof observa que a hiperventilação espontânea é uma reação potencialmente terapêutica dos pacientes neuróticos. Trata-se de processo semelhante ao que ocorre nos indivíduos na **Kundalini**, na atividade espontânea ou por um **shaktipat** (transmissão direta de energia por um mestre espiritual).

Na Yoga **Kundalini** e na Yoga **Siddha** esses episódios de hiperventilação e de **kriyas** (manifestações motoras e emocionais) que os acompanham são considerados como um processo purgativo e curativo, contrariamente ao que imagina a Psiquiatria contemporânea.

No entender de Grof, imaginar um aumento de pressão à cada inalação e sua liberação a cada expiração é uma atitude mental útil durante a hiperventilação. Dessa forma, o indivíduo conhecerá toda uma série de experiências poderosas, entre as quais: revivescência biográfica do nascimento biológico e, também, diversos fenômenos do espectro das experiências transpessoais.

Podemos mencionar aqui que no plano da cartografia da consciência proposta por Grof, já citada neste trabalho, essas experiências e outras estão localizadas no nível das experiências:

1. Estéticas sensoriais
2. Psicodinâmicas
3. Perinatais
4. Transpessoais

As sessões de hiperventilação podem ser individuais ou grupais. Entretanto, observa Grof, a eficácia é aumentada quando são utilizadas num contexto grupal.

Na aplicação em grupo, ocorre uma inversão de papéis, isto é, cada um dos participantes atua ora como sujeito ora como assistente. Além disso, as experiências grupais são mais profundas e significativas, porque tendem a criar uma atmosfera que favorece as reações em cadeia. Grof relata que, em média, três a quatro indivíduos conseguem atingir os estados ditos transpessoais da consciência, na primeira hora da sessão inicial.

Entre as experiências transpessoais, são citadas por Grof as embrionárias, as coletivas ou raciais, as ancestrais ou de identificação com animais, as de reencarnações passadas, as arquetípicas, as de reencontro com diversas divindades ou deidades e as de seqüências mitológicas complexas. Acrescenta ele, ainda, que para um participante de nível médio, o espectro das experiências compreende: as experiências de OBE (**out-of-body experience**), as de projeções astrais e as telepáticas.

Pretende-se que, por meio dessa abordagem, um indivíduo obtenha a cura de seus problemas psicológicos e, ainda, possa vivenciar estados transpessoais de consciência.

5.4. A Psicossíntese

A Psicossíntese, elaborada pelo renomado psiquiatra Roberto Assagioli, é outro sistema de psicoterapia que apresenta tendências transpessoais.

Assagioli, pioneiro da Psicanálise na Itália, foi fortemente influenciado por Jung e recentemente tem seu nome incluído entre os precursores do movimento transpessoal.

Em seu trabalho podemos destacar duas importantes contribuições à Psicologia, como o desenvolvimento de uma cartografia da consciência, já exposto neste trabalho (Capítulo II, item 5, p. 77) e a elaboração da própria Psicossíntese como técnica de exploração do eu.

Entre outros, os aspectos transpessoais da Psicossíntese são os seguintes: ênfase na necessidade do desenvolvimento da dimensão espiritual; os conceitos de superconsciente e de inconsciente coletivo; o conceito de controle dos diversos aspectos da psique, por uma experiência de identificação total e a substituição do *"patologismo"* pela noção de que certos estados psicóticos correspondem ao de crises espirituais e à transformação da personalidade.

A idéia central da Psicossíntese está relacionada com a *"repressão do sublime"* ou da natureza superior do homem. Segundo Assagioli, a idéia da *"repressão do sublime"* está para a Psicossíntese como a repressão do impulso sexual está para o pensamento freudiano. Assagioli classifica de reducionista a atitude da Psicologia contemporânea em defender o argumento de que todos os impulsos religiosos ou espirituais são meras sublimações da sexualidade.

Fundamentalmente, a Psicossíntese é uma técnica de exploração do eu e seu processo terapêutico implica quatro fases consecutivas:

1. Conhecimento completo da própria personalidade.
2. Controle de seus vários elementos.
3. Realização do verdadeiro Eu — a descoberta ou criação de um centro unificador.
4. Psicossíntese: a formação ou reconstrução da personalidade em torno de um novo centro. (Assagioli, 1982, p. 35)

A Psicossíntese pretende integrar várias técnicas psicológicas dentro de uma abordagem que é única para cada indivíduo.

A psicoterapia psicossintética utiliza-se basicamente das técnicas de meditação e de atenção dirigida. Há exercícios estruturados com várias finalidades, como os exercícios sistemáticos para o desenvolvimento da personalidade e da vontade.

No processo terapêutico, inicialmente são explorados os aspectos conscientes e inconscientes da personalidade. Nessa etapa, o cliente escreve sua autobiografia, mantém um diário, preenche questionários e faz todos os tipos de testes projetivos, como TAT, desenho livre, etc. No decorrer da terapia, são incluídas outras técnicas, como a música, a arte, a respiração rítmica, a imaginação criadora, os símbolos visuais, as palavras evocativas e a meditação.

Assagioli enfatiza que cada indivíduo é diferente do outro, portanto, nenhuma técnica deve ser aplicada automaticamente, ou seja de forma mecânica. Ele considera que as técnicas são voltadas para situações individuais, sendo difícil a generalização. No entanto, as técnicas básicas da Psicossíntese podem ser: a desidentificação e o treinamento da vontade.

A Psicossíntese parte de um conceito positivo da natureza humana, quando afirma que cada indivíduo está engajado num processo contínuo de crescimento, no curso do qual ele realiza seu potencial latente. Ela insiste na importância do potencial criativo do subconsciente, no valor da vontade, na iluminação da psique, faceta luminosa e bela da vida.

5.5. Meditação Interpessoal

Essa modalidade de terapia transpessoal foi elaborada por Claudio Naranjo, psiquiatra chileno, também formado em música.

As contribuições de Naranjo para o crescimento da psicoterapia transpessoal são relevantes. Entre outras, foi pioneiro da aplicação grupal da "*terapia da quaternidade*" de Hoffman, bem como da aplicação da meditação pessoal e interpessoal em terapia. Destaca-se, ainda, como precursor do uso associado de drogas psicodélicas às intervenções psicoterapêuticas em manifestações individuais.

No plano místico ou filosófico, Naranjo foi influenciado pelo Budismo de Suzuki, pelo Sufismo de Idres Shah, pelo Arica de Ichazo e por Sulleyman Dede, chefe dos derviches dançantes.

Entretanto, apesar de apresentar interesses bastante diversificados, ele se concentra primordialmente no Budismo, pois, segundo suas próprias palavras:

> "*No Budismo encontra-se a sistematização de todas as antigas técnicas de conhecimento (...) O Budismo põe no centro de tudo o cultivo da própria mente, a solução dos problemas pessoais e interpessoais pela qualidade e atenção da consciência (...) o Budismo é a religião da meditação.*" (Palestra, 30.09.1984)

No âmbito da pesquisa, Naranjo tem demonstrado especial interesse em estabelecer correlações entre teorias da psicoterapia e das disciplinas espirituais.

Motivado por esses assuntos, orientou estudos no Instituto Nyingma, em Berkeley, associando psicoterapia e meditação.

Na área clínica, Naranjo procura basicamente combinar os elementos de sua formação neo-analítica e gestáltica com duas formas de meditação que se complementam. Uma chama-se **shamata**, e implica na tranqüilização da mente; a outra, **vipassana**, que consiste em manter a consciência atenta à experiência global (sensações, emoções, pensamentos, etc.) do momento.

Segundo Naranjo, nas técnicas específicas da psicoterapia já se encontram elementos da meditação e, no seu entender, a grande técnica da psicoterapia poderia consistir simplesmente no redescobrimento da meditação. Ele cita como exemplo a técnica da associação livre da Psicanálise, a qual supõe a observação dos pensamentos sem interferências, tal como deve ocorrer na meditação.

Em seu trabalho terapêutico, a meditação ocupa um papel complementar ou paralelo às abordagens convencionais. Naranjo propõe o uso da meditação com os seguintes objetivos: para combater a dependência afetiva e a dos estímulos, para desenvolver a força do eu, promover a catarse emocional, desenvolver a capacidade de auto-observação e para que o cliente aprenda a estar com a própria interferência sem interferir.

Para Naranjo, a chave da meditação, seja qual for a situação, consiste em pôr-se em atitude não-problemática frente às dificuldades. Por exemplo, nas experiências de morte ou perda, em lugar de lamentar-se ou deprimir-se, a pessoa toma uma atitude de registro do presente sem pensamentos adicionais relacionados com o passado ou futuro. De certa forma, essa atitude de fixar o presente de maneira contínua, sem interferência, corresponde mais especialmente à técnica **vipassana** da meditação Budista e equivale ao "*aqui e agora*" da Gestalt.

Naranjo treinou gestalterapia com Fritz Pearls, tornando-se mesmo um professor residente do Instituto Esalen (Califórnia), e, baseado nessa experiência, afirma que a Gestalt já está voltada para o desenvolvimento da consciência em níveis transpessoais. Entretanto, alterou a abordagem gestáltica original, tendo por objetivo dar maior amplitude ao aspecto meditativo para possibilitar novas formas de estar "*aqui e agora*". Naranjo considera a experiência do "*aqui e agora*" fundamental para o crescimento psicológico e espiritual e, conseqüentemente, postula que sua ocorrência não deve limitar-se exclusivamente às sessões de terapia. Dentro dessa perspectiva, ele propõe que o aprendizado do "*aqui e agora*" seja levado ao indivíduo na forma de um processo educativo efetuado pelo terapeuta, que deve desempenhar simultaneamente o papel de educador.

Atualmente, Naranjo dedica-se com grande empenho à elaboração e ao ensino dos chamados exercícios psicológicos mutuamente assistidos. Essa abordagem é resultante da aproximação entre as técnicas clássicas da meditação budista e a gestalterapia. Esses exercícios podem ser vistos como extensões interpessoais da meditação.

A idéia central de Naranjo, ao transpor as técnicas da meditação individual para a situação interpessoal ou mais especialmente para um grupo de pessoas, exprime-se assim:

"*A meditação individual pode ser muito útil para promover o crescimento e para aliviar o sofrimento, porém, como fomos condicionados para a vivência social, é muito importante entrar deliberadamente no estado de meditação com os demais, para promover o contato terapêutico em extensão com o outro.*"
(Entrevista, 24.07.1985)

Na meditação interpessoal, a vivência do "*aqui e agora*" difere da Gestalt num certo aspecto. Enquanto a situação básica da Gestalt é um "*aqui e agora*" compartilhado pelo diálogo, na meditação interpessoal as palavras são formuladas silenciosamente.

No "*aqui e agora*" em silêncio, duas pessoas estão sentadas frente a frente e cada uma, silenciosamente, focaliza o seu estado interior e permanece a observar o sentido corporal e o sentido emocional. Nesse procedimento, as palavras são formuladas silenciosamente em respostas às perguntas: "*O que sinto?*" e "*Como sinto?*", feitas continuamente a cada movimento respiratório.

Uma variação desta técnica é feita quando uma pessoa fala e a outra escuta numa atitude meditativa. Isso corresponde à **vipassana** na presença do outro, o que significa manter simultaneamente a consciência de si mesmo e a consciência do outro.

A ausência do diálogo cria um certo "*campo de meditação*", além da comunicação pessoal e da interpessoal. Trata-se de uma interação energética entre duas pessoas, interação que consiste na própria comunicação das experiências subjetivas ou interiores de ambas.

5.6. *Terapia Terminal*

No campo da psicoterapia, a abordagem transpessoal desenvolve um trabalho singular para lidar com as experiências que envolvem a morte e o morrer.

Tal singularidade encontra-se no fato de encarar a morte como uma passagem para outros níveis de consciência. (Weil, 1979) Esta visão propicia uma compreensão desmistificadora do tema que sempre foi tratado como tabu por nossa civilização ocidental.

É certo que na prática ordinária, em função da própria atividade que desempenham, os psicoterapeutas, por vezes, deparam-se com clientes que apresentam problemas emocionais relacionados à morte e ao morrer. Assim, entre outros, são freqüentes clientes com medo da morte (pessoal ou de outros), doenças terminais ou que colocam em risco a vida, tendências suicidas, luto, etc. Portanto, há a necessidade de que os profissionais da área recebam orientação e treinamento que os levem a desenvolver habilidades terapêuticas específicas para atender esses casos de forma adequada.

A preparação dos psicoterapeutas que objetivam trabalhar com problemas tanáticos tem por meta básica a conscientização, a aceitação e a expansão de seus conceitos pessoais sobre a morte.

Ela também inclui a desprogramação dos aspectos dolorosos e mórbidos que culturalmente têm sido associados ao ato de morrer.

Este trabalho pretende ser uma complementação da psicoterapia do próprio profissional e visa a abertura conceitual necessária para que ele possa compreender e ajudar seus clientes. É, portanto, fundamental que o profissional se prepare, a partir de si próprio, para entender e respeitar as crenças, os significados e as convicções religiosas que o cliente possa ter a respeito da morte e do morrer.

Há, entretanto, um aspecto paradoxal no trabalho com a morte, o qual deve ser enfatizado; o lidar consciente com a morte conduz a um questionamento a respeito do sentido ou significado da própria vida, um sentido mais profundo relacionado à própria existência do homem. (D'Assumpção, 1984)

Dentro da perspectiva que coloca a morte como uma parte do processo natural da vida, está fundamentada a "*educação transpessoal para a morte*" dedicada à aprendizagem do morrer, mantendo, porém, a compreensão e a esperança na vida. Se encarada desta forma, a educação para a morte não deve ficar limitada aos pacientes terminais, mas, pelo contrário, deve ser indicada a todas as fases da vida, especialmente à infância, como propõe Bessa (1984):

"*Uma educação (desde criança, é bom que se diga) para morrer se impõe a fim de aliviar o homem de seu medo e apavoramento diante da morte. Este deve preparar-se para o processo tanático do morrer e da morte (sua e de outros). Isso, paradoxalmente, para que viva melhor, curtindo a existência no saborear de cada dia, na realidade de hoje, na concretude do aqui e agora, sem o sentimento de perda do ontem ou a desesperança do amanhã. Enfim, que o homem se concilie com a morte que nele vive permanentemente.*" (p. 16)

Uma contribuição muito importante direcionada à pesquisa e ao trabalho com pacientes terminais é a Tanatologia, uma abordagem originada a partir dos trabalhos de Klüber Ross, em meados da década de sessenta. Em seu clássico "*Sobre a morte e o mor-*

rer" (1969), Klüber Ross apresenta cinco fases ou estágios pelos quais passam as pessoas após receberem a notícia de que são portadoras de uma doença incurável. Esses estágios, que nem sempre se processam na seqüência em que foram colocados, são os seguintes: negação e isolamento, raiva, barganha, depressão e aceitação.

Para Bushnell (1985), os estágios descobertos por Klüber Ross são de natureza psicológica e a eles podem ser acrescentados dois outros, predominantemente transpessoais: o reconhecimento e a unidade.

No estágio do reconhecimento, o paciente vivencia um sentimento de profunda compaixão por si mesmo e por todas as pessoas com quem ele tem contato. E, finalmente, no estágio derradeiro, ocorre a conscientização de sua unidade com o cosmos. Esse sentimento de unidade com toda a criação alivia a dor e o desconforto do corpo e faz com que o último pensamento do paciente sobre a morte seja "*o que de melhor vai levar da vida*". As poucas pessoas que atingem esses estágios finais são aquelas que recebem a morte tranqüilamente em pleno êxtase.

A abordagem Simonton, apresentada no livro "*Getting Well Again*" (1980), é uma outra contribuição muito significativa para lidar com pacientes terminais. Ela inclui os métodos anticâncer e a tanatoterapia. Esse trabalho foi desenvolvido pelo oncologista de radiação Car Simonton, MD, e sua esposa, a psicoterapeuta Stephanie Mattews, no Centro de Aconselhamento e Pesquisas do Câncer de Forth Worth, no Texas.

Para os Simonton, a etiologia e o desenvolvimento das doenças, especialmente o câncer, precisam ser entendidos de forma global. Isto é, a doença é um sintoma de ruptura interior, ou seja, ela é uma expressão simbólica de desequilíbrio nos níveis mental, emocional e espiritual do doente.

Nos estudos experimentais realizados em Forth Worth, ficou evidenciado que o fator do **stress** emocional, geralmente responsável pelo aparecimento do câncer, é uma perda significativa ocorrida de seis a dezoito meses antes da doença. A perda em si não é o fator relevante, mas a maneira como ela é recebida pelo paciente, podendo provocar sentimentos de desamparo e desesperança, que permanecem como material não-elaborado na consciência.

Ao considerarem as interações entre a psique e a doença, os Simonton enfatizam certos traços de personalidade encontrados nos portadores de câncer. Os traços predominantes são: autocompaixão como carga destrutiva; auto-imagem pobre ou limitada; sentimentos de rejeição reais ou imaginários; tendência marcante a guardar rancores ou ressentimentos; e o último aspecto é a escassa capacidade para desenvolver e manter relacionamentos significativos e de longa duração.

Um dos principais objetivos do método Simonton é ajudar o paciente a mudar os aspectos prejudiciais de sua personalidade, enquanto é realizado de modo paralelo um trabalho com as crenças e as expectativas que o paciente, os familiares e o médico têm sobre a doença, o tratamento e a capacidade de recuperação do doente.

É importante lembrar que, em nossa sociedade, o câncer é sinônimo de morte e os Simonton desenvolveram uma estrutura conceitual que tem por meta a inversão dessa postura.

Para "*vencer a batalha*" contra a doença são empregados métodos e exercícios estruturados e baseados nas técnicas Mind Control, nos conhecimentos da Parapsicologia e nas abordagens que tratam da relação mente/corpo.

Desse modo, são propostos exercícios de relaxamento, afirmações positivas, visualização, exercícios físicos e as técnicas específicas como: "*vantagem de uma doença*", "*perda do ressentimento, do rancor e da animosidade*", e "*o guia de minha alma*".

No método Simonton a tanatoterapia é ensinada e praticada a título preventivo, pois, no caso do câncer, ou em qualquer doença grave, a recaída e a morte são possíveis.

O paciente tem, portanto, oportunidades para lidar com a possibilidade da morte. A tanatoterapia se realiza através de técnicas de relaxamento e visualização, sendo que na programação e na aplicação dos exercícios são respeitadas as idéias religiosas ou filosóficas do doente. (Jesig, 1983)

No campo da Psicologia Transpessoal podem ser incluídas as pesquisas das experiências psicológicas dos momentos que precedem a morte. Nos relatos de pessoas, que tiveram morte clínica seguida de reanimação, os fenômenos pré-morte mais freqüentes são: OBE (**out-of-body experience**) e o encontro com seres em outras dimensões de espaço e tempo. A esse respeito existe extensa literatura disponível: Klüber Ross (1976), Moody (1977), Backmoore (1986), Muldonn e Carrington (1976), Weil (1976-1977), Osis (1977), etc.

A psicoterapia transpessoal interessa-se pela "*análise de conteúdo*" dessas experiências, bem como as implicações subjetivas delas decorrentes, como a perda do medo da morte, mudanças de valores com o predomínio dos humanísticos e espirituais sobre os demais, o desapego de idéias, pessoas e bens materiais, etc. (Weil, 1977)

É importante notar que certas pessoas que vivenciaram tais estados pré-morte declararam posteriormente que "*descobriram sua verdadeira natureza*".

Devemos lembrar que a morte, considerada não apenas no sentido de extinção da vida biológica, mas também que decorre de uma perda significativa e equivale a uma morte psicológica, é objeto da tarefa transpessoal, tendo por meta a libertação interior do homem.

CAPÍTULO IV

Considerações Finais

1
Síntese das Idéias Básicas da Psicologia Transpessoal

1.1. *A Psicologia Transpessoal como uma das Manifestações do Paradigma Emergente*

Entre os efeitos transformadores da crise cultural das décadas de sessenta e setenta, os mais relevantes para o contexto acadêmico dizem respeito à chamada *"Mudança de Paradigma"*.

O paradigma que está sendo reavaliado é o newtoniano/cartesiano, um sistema de pensamento baseado no trabalho do cientista inglês Isaac Newton e do filósofo francês René Descartes. Esse sistema conceitual foi mantido como um importante critério de legitimidade científica durante os três últimos séculos; porém, no curso do tempo, tornou-se obsoleto em certos aspectos, trazendo sérios obstáculos para a pesquisa e o progresso científico.

É certo que, a partir do início do século, os postulados do paradigma clássico foram transcendidos por profundas e radicais transformações ocorridas no campo da Física moderna. Entretanto, antes do processo revolucionário das duas últimas décadas, não houve um impacto cultural suficiente para a emergência do novo paradigma.

Foi, portanto, o exame e a investigação das raízes da crise cultural dos anos sessenta e setenta que promoveram a abertura conceitual para a valorização de assuntos que, por se acharem em conflito com o paradigma dominante, foram descartados em períodos anteriores da história cultural. Desse modo, várias áreas do conhecimento puderam progredir de forma acelerada.

Tendo por base tais referências, podemos entender o *"movimento transpessoal"* como o resultado de esforços para ajustar a Psicologia ocidental ao paradigma emergente, contribuindo para a assimilação das novas premissas em seu campo de pensamento. Dentro dessa perspectiva, a Psicologia Transpessoal não pode ser considerada, exatamente, um sistema ou uma teoria completa, mas uma *"revisão"* da própria Psicologia ocidental, que leva em conta seu contexto histórico, cultural e científico.

1.2. A Psicologia Transpessoal é uma Abordagem "Integradora" dos Principais "Insights" das Escolas Psicológicas Ocidentais e das Disciplinas da Tradição Espiritual

A noção da totalidade da consciência estratificada em vários níveis levou à elaboração de um sistema explanatório específico do campo transpessoal. Tal teorização pode ser entendida como um esforço para a compreensão de todas as experiências implícitas ao longo do **continuum** inconsciente/consciente da psique humana.

Dentro desse parâmetro, consideramos a *"psicologia do espectro"* desenvolvida por Ken Wilber (Capítulo II, item 6, p. 83) a abordagem que apresenta a mais clara exposição dos aspectos multidimensionais da consciência e de maior relevância para a Psicologia Transpessoal.

Basicamente, a *"psicologia do espectro"* reflete a consciência humana e seus principais níveis:

- o nível do ego;
- o nível biossocial;
- o nível existencial;
- o nível transpessoal e
- o nível da unidade.

Ela propõe, para a compreensão do espectro inteiro, uma teoria integradora que faça uso dos conceitos e da linguagem de vários sistemas de pensamento psicológicos ou filosóficos.

Subentendem-se que as abordagens teóricas, em geral, concentram-se em aspectos fragmentados da realidade e, desse modo, suas premissas não podem ser generalizadas ou aplicadas para o espectro inteiro da consciência. Porém, cada sistema teórico, em particular, pode ser visto como mais correto ou apropriado para enfocar um determinado nível da consciência ou da realidade.

Essa amplitude conceitual dota a orientação transpessoal do instrumental teórico eficiente para compreender todas as experiências do espaço interior. Assim, as experiências relativas ao **self** pessoal ou à realidade imanente podem ser perfeitamente descritas por sistemas psicológicos, enquanto as experiências de expansão da consciência ou relacionadas com a dimensão transcendente são mais adequadamente descritas por filosofias e práticas esotéricas de diferentes épocas e culturas. O conjunto desses sistemas é denominado na expressão de Huxley de *"Filosofia Perene"* e representa séculos de estudos profundos da consciência.

É preciso destacar a Psicologia Analítica de Jung, a Psicologia do Ser de Maslow e a Psicossíntese de Assagioli, que, apesar da caracterização de teorias psicológicas, são enfoques pioneiros do campo transpessoal por incluírem as polaridades imanente e transcendente do **continuum** da consciência humana.

Ao propor a integração dos **insights** das escolas psicológicas e dos princípios da *"Filosofia Perene"*, a *"psicologia do espectro"* permite que a abordagem transpessoal resulte numa teoria holística da consciência, contribuindo dessa forma para uma perspectiva da totalidade do ser humano. E sua aplicação prática ajuda o homem no direcionamento do processo de integração de si mesmo, através da conexão dos níveis pessoais e transpessoais de sua natureza.

1.3. *A Psicologia Transpessoal Desenvolve a Tarefa de Integrar o Sistema Conceitual da Ciência Contemporânea à "Busca Espiritual" das Tradições Espirituais*

A Psicologia Transpessoal pode ser entendida como a união da moderna pesquisa científica da consciência com a tradição espiritual *"viva"* tanto do mundo ocidental como do oriental.

Pode-se entender por tradição espiritual *"viva"* aqueles conhecimentos ligados ao **self*** que ainda não foram contaminados por desejos egóicos e por hierarquias de poder e, por isso, mantêm-se, até os dias de hoje, com certa *"pureza"* de valores espirituais.

Temos que lembrar do fato universal, que pode estar associado tanto à cultura ocidental como à oriental e que diz respeito à *"institucionalização"* da tradição espiritual que provocou a perda do seu sentido transcendental original.

Esse processo levou a uma inversão de valores, pois aquele que deveria ser o *"veículo"*, ou seja, o representante da tradição, passou a ser o *"centro"*, ocupando espaço mais importante do que a própria transmissão da tradição. E, com a predominância dos aspectos egóicos ou humanos (inflação do ego), o conhecimento *"vivo"* ou original foi distorcido.

No entanto, certas tradições antigas que se mantiveram não-corrompidas pelas interferências do nível egóico e, portanto, conservam elementos originais são as fontes de busca da Psicologia Transpessoal. Por exemplo:

---

* **Self** cultural.

IV - Considerações Finais

TRADIÇÃO ORIENTAL	As várias correntes do Budismo (Hindu, Chinês e o Zen Japonês).
TRADIÇÃO OCIDENTAL	Judaísmo (Cabala) Islamismo (Sufismo) Cristianismo: Santo Agostinho, São Tomás de Aquino, São João da Cruz, etc.
	Alquimia
ESTUDOS DA CONSCIÊNCIA	Gurdjieff, Krishnamurti, Osho.

Todas essas tradições têm em comum a visão integradora do homem, do universo e da própria relação homem/universo. Justifica-se o interesse na volta às tradições espirituais na radical reinterpretação das leis que regem o Universo, motivada pela constatação da própria Ciência que, no princípio, desenvolveu-se numa linha materialista e que à medida que aperfeiçoou novos métodos e aparelhos verificou que a consistência da matéria é ilusória e que, na verdade, o que existe são partículas energéticas e o vazio.

Como conseqüência a ciência veio a confirmar a visão das tradições milenares nos seus aspectos ético/filosóficos fundamentais.

2

As Principais Contribuições da Psicologia Transpessoal para a Psicoterapia

2.1. A Visão Holística da Psicoterapia — A Concepção do Universo, do Homem, da Saúde, da Doença e da Cura

Os conceitos da psicoterapia transpessoal estão fundamentados na visão holística da realidade e correspondem às necessidades culturais e científicas do novo paradigma.

A visão holística, progressivamente, tem se expandido, influenciando as várias disciplinas científicas, sendo que no campo da orientação psicológica a abordagem transpessoal é pioneira na aplicação de seus conceitos ao contexto da psicoterapia.

A percepção do universo como um todo harmonioso e indivisível é o enfoque central do paradigma holístico e, como evidencia a *"teoria holográfica"*, cada parte constitutiva do universo contém informações sobre todo o universo e, portanto, alterações nas partes afetam todo o universo.

Dentro dessa perspectiva, na psicoterapia transpessoal o homem é visto como um sistema ou totalidade cuja estrutura específica emerge da interação dos níveis da consciência — físico, emocional, mental, existencial e espiritual —, interligados e interdependentes. Essa concepção substitui o modelo de homem fragmentado e reducionista baseado na orientação mecanicista do paradigma newtoniano/cartesiano.

Para ajustar a psicoterapia a essa nova visão, a abordagem transpessoal redefiniu os conceitos básicos de saúde, doença e cura, bem como no que diz respeito à atuação do psicoterapeuta.

Desse modo, a saúde holística preocupa-se com o bem-estar da pessoa total não limitada ao tratamento e à manipulação de sintomatologias específicas. Ela está baseada na suposição que corpo, mente e espírito formam uma unidade indivisível e que o desequilíbrio em um desses níveis causa a doença ou a enfermidade. Além disso, a saúde integral requer o equilíbrio entre o homem total e os vários sistemas maiores com os quais ele se acha interconectado, ou seja, o ambiental, o social, o cultural, o econômico e o cósmico.

Na psicoterapia com base holística, o terapeuta deve registrar o mais completamente possível a situação total do cliente e como um guia ou conselheiro sugerir orientações e técnicas específicas para cada um dos níveis que compõe a sua natureza global, sempre atento à meta da saúde integral.

As técnicas utilizadas no contexto psicoterapêutico transpessoal — respiração, relaxamento, **biofeedback**, aconselhamento, meditação, visualização, etc. — têm por objetivo despertar as forças curativas inerentes ao organismo humano, de tal modo que elas sigam sua própria tendência natural para promover o equilíbrio ou a cura (harmonia).

Portanto, o papel do terapeuta é criar condições que incentivam a auto-reação do organismo e que facilitem a cura. Ele deve levar em conta que o potencial humano é teoricamente infinito e que **a priori é** impossível determinar qual o ponto máximo de desenvolvimento ou de autoconhecimento do cliente e, mais ainda, que o processo de cura é ilimitado.

2.2. A Psicoterapia Transpessoal: Conteúdo, Contexto e Processo

A psicoterapia transpessoal utiliza idéias e técnicas integradas e ampliadas para criar oportunidades que facilitem ao homem a vivência de sua totalidade. Essa totalidade envolve a consciência egóica e a sua transcendência.

Pressupõe-se que o processo de apreensão da totalidade deve acontecer, naturalmente, em estágios sucessivos de ampliação da consciência e envolve ambos, o crescimento pessoal que requer a integração da personalidade individual e o crescimento transpessoal que requer a desidentificação com as restrições da personalidade. A personalidade não é considerada a identidade originária do ser humano.

A característica essencial da orientação transpessoal é a amplitude de seu contexto — determinada pela abertura experiencial do profissional —, que permite ao cliente trabalhar qualquer conteúdo que possa emergir no decorrer do processo psicoterapêutico.

Assim, um psicoterapeuta transpessoal lida com os problemas e situações relacionados ao **self** pessoal e com o potencial de transcendência do ego, que é considerado intrínseco à natureza humana. Ele procura manter-se aberto à perspectiva do espectro inteiro da consciência e em seu campo de ação aplica todos os recursos que lhe sejam acessíveis, à medida que o cliente se desloca ao longo do **continuum** da consciência.

No contexto transpessoal em terapia, é preciso considerar que os clientes apresentam-se para a psicoterapia expressando diferentes níveis de desenvolvimento, experiência e preocupação, e que um mesmo cliente passa, freqüentemente, por várias fases no transcurso do processo psicoterapêutico, cada uma caracterizada por sintomas e um senso de identidade em particular. Quando o trabalho terapêutico num determinado nível da consciência resultar numa melhor integração, a pessoa poderá descobrir-se espontaneamente num outro nível. Embora o processo de evolução da consciência não ocorra de forma tão linear, só é possível transcender um determinado estado de consciência quando este estado estiver de certa forma consciente para a pessoa.

Em suma, a questão básica que envolve a prática da psicoterapia com orientação transpessoal diz respeito aos meios ou recursos técnicos apropriados para evocar o conteúdo transpessoal. Nesta monografia, apresento as possibilidades de trabalho com sonhos, meditação e símbolos, que de forma ampliada podem ser empregadas com objetivos transpessoais.

Entretanto, desejo deixar bem claro que os recursos técnicos são úteis, porém eles não definem nem o conteúdo nem o contexto transpessoal. Portanto, é vital que o terapeuta esteja consciente de seu próprio estágio de autotranscendência e tenha conhecimento experiencial de todo o espectro da consciência para atuar e acompanhar como um guia o processo psicoterapêutico que se desenrola.

O que realmente define o contexto transpessoal é a capacidade do terapeuta em comunicar, através de suas atitudes, a confiança necessária para ajudar o cliente a explorar os domínios transpessoais.

2.3. *Apreciações Críticas dos Sistemas Apresentados como Específicos do Nível Transpessoal no Capítulo III*

O objetivo desses sistemas voltados para o nível transpessoal é expandir a consciência e direcionar o processo de crescimento interior ou desenvolvimento espiritual rumo à consciência unitiva. Eles são indicados para as pessoas que intuem a totalidade e estão conscientizadas quanto às limitações da identificação exclusiva com o nível egóico.

Os psicoterapeutas interessados na aplicação dessas abordagens terão que estar preparados para lidar com certas experiências incomuns ou pouco freqüentes que não podem ser entendidas de um ponto de vista lógico formal. Tais experiências representam sérios desafios às estruturas conceituais e convencionais dos próprios psicoterapeutas e dos clientes.

Além disso, como essas abordagens estimulam a pessoa a vivenciar experiências de todos os níveis do espectro da consciência, ou seja, a transcender o nível egóico, é muito importante o suporte terapêutico para ajudá-la a identificar que tipo de experiência está vivenciando e como integrá-la em sua experiência pessoal. As experiências transpessoais precisam ser integradas na consciência ordinária para que não permaneçam apenas como uma viagem, completamente isolada da vida cotidiana.

É, portanto, recomendável que esses métodos sejam aplicados por profissionais num contexto psicoterapêutico para evitar uma inversão das metas, ou seja, em lugar de transcender o ego, o indivíduo poderá inflá-lo com sua onipotência, ou mesmo perdê-lo e entrar em surto psicótico.

No caso da hiperventilação, para transmitir segurança, enquanto as pessoas se encontram vivenciando situações além de sua realidade cotidiana, o terapeuta deverá passar por um treinamento que inclui sua participação em, no mínimo, cinqüenta sessões de hiperventilação.

Essa preparação é necessária, pois, embora a aplicação da hiperventilação seja relativamente simples, as experiências que lhe são decorrentes podem abranger o vasto campo do espectro da consciência, e o psicoterapeuta terá que reconhecer e diferenciar as experiências transpessoais de outras de caráter psicodinâmico, caso contrário as experiências transpessoais serão reduzidas ao nível egóico.

Um outro aspecto da hiperventilação, para o qual o terapeuta precisa estar atento, são as seqüências de vivências que, uma vez desencadeadas, embora difíceis para o participante, não poderão ser revertidas. Quando isto ocorre, o terapeuta terá que estar disponível para fornecer ao cliente o suporte psicológico que o ajude a ir em frente, até que a experiência seja integrada, o que, geralmente, ocorre no final da sessão, quando ele desenha a mandala.

No "*Processo*", que foi elaborado por um leigo, tal fato representa uma abertura para que os não-profissionais o utilizem. Nesse caso, é recomendável que o leigo atue, apenas, no papel de assistente de um profissional. É importante observar que o "*Processo*" é de aplicação relativamente rápida (três meses), porém é muito intenso, exigindo grande dedicação de parte do terapeuta e do aprendiz. O treinamento do psicoterapeuta requer conhecimento e prática de Psicologia tradicional e uma preparação específica de dois a três anos depois de ter experienciado o "*Processo*".

O "*Curso dos Milagres*", cuja origem é semelhante ao "*Processo*", é um método de desenvolvimento espiritual que pode ser utilizado individualmente ou em grupos. Por mobilizar o potencial latente no indivíduo, o "*Curso dos Milagres*" facilita o contato com as energias curativas do próprio indivíduo e do cosmos. Por esse motivo pode ser usado no curso da psicoterapia como técnica suportiva, por exemplo, na terapia terminal. Sua aplicação deve ser feita com cautela pois pode provocar auto-ilusões e inflação da personalidade, e, sendo assim, suas metas serão distorcidas.

A terapia terminal orientada transpessoalmente pressupõe que o terapeuta tenha formação convencional e um preparo adicional que inclui a expansão de conceitos tradicionais sobre a morte. Ele terá que trabalhar suas crenças pessoais e seus apegos egóicos, para realmente comunicar ao cliente terminal a idéia da morte como uma passagem para outros níveis de consciência.

Um psicoterapeuta que emprega técnicas de meditação deve em primeiro lugar ser capaz de meditar, o que exige uma dedicação pessoal. Logo, a "*meditação interpessoal*" pode se constituir num importante método de desenvolvimento transpessoal, quando aplicada por profissionais que praticam meditação, e que sejam conscientes de que nem todos os participantes estarão, igualmente, receptivos para a comunicação interpessoal através da meditação.

A Psicossíntese apresenta-se como uma abordagem bem-estruturada em seus aspectos teórico-práticos, o que contribui para facilitar o trabalho do profissional no curso da psicoterapia.

Entretanto, ela enfatiza, essencialmente, o lado criativo do superconsciente e o potencial da psique humana, deixando o lado doloroso e sombrio fora do processo psicoterapêutico. Enfocar apenas o lado positivo e sem problemas da vida deixando de fora o confronto com os aspectos sombrios pode ser prejudicial para o desenvolvimento espiritual, que só será completo com o trabalho das duas polaridades.

A repressão ou recusa dos aspectos negativos ou sombrios da psique freqüentemente distorcem o processo espiritual, tendo como conseqüência mais comum a formação de um indivíduo que controla os outros em nome de seus valores espirituais ou transpessoais.

Todos esses sistemas específicos do nível transpessoal constituem-se em caminhos aceitáveis para a proposta de integração do crescimento psicológico e do desenvolvimento espiritual num processo psicoterapêutico. Porém, para que se possa chegar a um resultado efetivo, certas condições da relação cliente/terapeuta deverão ser observadas. Por um lado, o terapeuta deverá ter conhecimento da psicoterapia convencional e estar engajado no processo da busca espiritual. No que se refere ao cliente, pressupõe-se que haja um certo discernimento quanto às motivações que o levaram a se dirigir a esse tipo de terapia, isto para que ele não corra o risco de usar o desenvolvimento espiritual como fuga ou para recusar-se a assumir as responsabilidades do mundo pessoal.

3
Posicionamento Pessoal

O Movimento Transpessoal evidenciou-se há apenas duas décadas, e a Psicologia Transpessoal pode ser vista como uma escola em fluxo ou na situação de variações contínuas. Ela ainda não está satisfatoriamente definida, não possui corpo teórico solidamente estruturado e seus conceitos e métodos encontram-se em plena evolução.

Entretanto, apesar dessas limitações, suas contribuições no âmbito do saber já estão estabelecidas, ampliando a consciência e os instrumentos dos psicoterapeutas entre os quais me incluo.

Nos Estados Unidos, país originário do Movimento Transpessoal, este representa o ponto de convergência dos terapeutas descontentes com a visão do paradigma da psicoterapia ocidental. Dentre esses, há os que estão envolvidos com a questão transpessoal e se empenham em abordá-la por meio da perspectiva da Ciência ocidental, dita *"modificada"*, como propõem Tart e Maslow.

Porém, há outros que preferem a visão transpessoal compreendida pela perspectiva do conhecimento tradicional ou da Filosofia Perene, pois consideram o *"cientificismo"* reducionista. Wilber é um dos principais representantes dessa postura e no seu entender a Ciência empírica é a metodologia mais poderosa para o conhecimento do mundo dos sentidos, mas, por outro lado, é limitada para a pesquisa dos fenômenos transpessoais. Ele considera que a contemplação é a via realmente adequada para o conhecimento espiritual, ou seja, para compreender um determinado estado de consciência o indivíduo terá que entrar nesse estado específico.

Considero o ponto de vista de Grof e Capra o mais abrangente ao colocar a Psicologia Transpessoal como *"facilitadora"* do diálogo entre a *perspectiva* científica, representada pela Ciência ocidental, e a *perspectiva* espiritual, representada pelas tradições filo-religiosas, pois concordo que ambas são visões da realidade, complementares e necessárias ao homem.

Assim, vejo o estudo da consciência humana muito enriquecido pelo diálogo da Psicologia Transpessoal com as ciências exatas, como a Física, e a pesquisa do cérebro. As teorias *"quântica"* e *"relativista"*, no campo da Física Moderna, e a teoria *"holográfica do cérebro"*, do neurocientista Pribam, e a do *"holomovimento"*, do físico Bohn, permitiram uma explicação da consciência transpessoal que integra os conhecimentos transcendentais e tem a vantagem de se derivar dos mais sofisticados enfoques da ciência contemporânea.

A *"Filosofia Perene"* é fundamental para ajudar o homem no problema da busca do significado ou da compreensão do propósito de viver. Ela fornece elementos éticos independentes de questões doutrinárias ou ideologias institucionalizadas.

Temos que lembrar que no passado as pessoas interessadas na busca da razão de viver e/ou no desenvolvimento espiritual tinham que recorrer aos grandes sábios e às escolas místicas e, hoje, com a possibilidade da integração da sabedoria milenar com o sistema conceitual da Psicologia ocidental, elas poderão fazê-lo no contexto da psicoterapia. Penso, ainda, ser oportuno lembrar que os indivíduos dispostos a desenvolver potencialidades transpessoais encontrarão orientadores mais capazes, diminuindo, assim, os riscos de métodos prejudiciais e inadequados. E que as pessoas que vivem experiências transpessoais e guardam suas percepções para si, por receio de não serem compreendidas ou mesmo de serem confundidas com psicóticos, poderão encontrar ajuda na orientação psicológica transpessoal.

A contribuição efetiva da integração das facetas científica e filosófica da visão transpessoal encontra-se, sem dúvida alguma, no processo da psicoterapia como oportunidade para o homem ver e vivenciar o mundo transpessoalmente, ou além da mera identidade pessoal. A abordagem transpessoal também oferece uma alternativa para mudanças coletivas ou de âmbito social através da realização de atividades grupais que incentivam a substituição dos valores egóicos e individualistas por valores humanitários e cósmicos.

No Brasil, a penetração da Psicologia Transpessoal é recente e ainda está muito restrita ao trabalho de grupos particulares, uma vez que o meio universitário encontra-se muito envolvido com o paradigma tradicional e parece não ver no assunto aplicações práticas em sua estrutura.

Entretanto, acredito que a particularidade cultural do Brasil, país onde a espiritualidade é vivida mais espontaneamente do que nos Estados Unidos, por um lado não cria a tensão necessária para que o transpessoal seja um impacto revolucionário, mas, por outro lado, facilita a assimilação de seus conceitos em nossos meios.

Pessoalmente, antes mesmo de tomar conhecimento das propostas transpessoais, dirigi-me ao meio universitário disposta a realizar um trabalho onde pudesse integrar os conhecimentos da área da Psicologia Clínica com a busca espiritual que há muito tempo direciona o meu caminho. O encontro com o transpessoal e a certeza de que neste e em outros níveis de consciência existem seres empenhados neste trabalho, são um grande incentivo para o meu próprio processo de integração e para continuar acreditando na possibilidade de o homem viver num mundo transformado espiritualmente.

Bibliografia

A COURSE IN MIRACLES, London, Arkana, 1985.

ADLER, G. Dynamics of the Self. Conventure, London, 1979.

AKHILANANDA, S. Psicologia Hindu. Buenos Aires, Paidos, 1964.

ALPERT, R. Baba Ram Dass. Lecture at the Menninger Foundation, em The Journal of Transpersonal Psychology, vol. 2, nº 1, 1970.

ANDERSON, W. Open Secrets — A Western Guide to Tibetan Buddhismo. U.S.A., Peguin Books, 1979.

ASSAGIOLI, R. Psicossíntese. São Paulo, Cultrix, 1982.

_____. O Ato da Vontade. São Paulo, Cultrix, 1985.

_____. Symbols of Transpersonal Experiences, em Journal of Transpersonal Psychology 1:33-45, 1969.

BESSA, A.H.; D'ASSUMPÇÃO, A.E. & D'ASSUMPÇÃO, M.G. Morte e Suicídio — uma abordagem multidisciplinar. Rio de Janeiro, Vozes, 1984.

BOGEN, E.R. The other side of the brain, em ORNSTEIN, E.R.(org.) The Nature of Human Consciousness. San Francisco, W.R. Freeman and Company, 1973.

BOORSTEIN, S. Transpersonal Psychoterapy. Palo Alto, California, Science and Behavior Books, INC. 1980.

BROWN, B.B. Stress and the Art of Biofeedback. New York, Harper & Row, 1976.

BURNEY, E.C. Jung's active imagination: a technique of Western Meditation, em Ancient Wisdom and Modern Science. SUNY, 1984.

BUSHNEL, L. I Congresso Internacional de Terapias Alternativas, Hotel Maksoud Plaza, São Paulo, novembro de 1985.

CAPRA, F. O Tao da Física. São Paulo, Cultrix, 1985.

_____. Modern psysics and Eastern mysticism, em The Journal of Transpersonal Psychology, vol. 8, nº 1, 1976.

CHARON, E.J. O Espírito, Este Desconhecido. São Paulo, Melhoramentos, 1981.

CLIFFORD, T. Tibetan Buddhist Medicine and Psychiatry. New York, Samuel Weiser, 1984.

DEATHERAGE, G.O., em BOORSTEIN, S. Transpersonal Psychoterapy. Palo Alto, California, Science and Behavior Books, cap. 14, 1980.

DE ROPP, S.R. The Master Game Beyond the Drug Experience. London, Georg Allen & Unwin Ltd., 1968.

DESOILLE, R., em HOSSRI, M.C. Sonho Acordado Dirigido. São Paulo, Mestre Jou, 1974.

GREEN, E. & GREEN A. Voluntary control of internal states:

Psychological and Psysiological, em The Journal of Transpersonal Psychology, vol.11, 1970.

GROF, S. East and West: ancient wisdom and modern science, em The Journal of Transpersonal Psychology, vol.15, nº 1, 1983.

_____. East and West: ancient wisdom and modern science, em The Seventh International Transpersonal Conference Bombay, India, february, 1982.

_____. East and West: ancient wisdom and modern science, em Ancient Wisdom Modern Science. Albany, State University of New York Press, 1984.

_____. Varietes of transpersonal experiences: observations from LSD psychotherapy, em Journal of Transpersonal Psychology, vol.4, nº 1, 1972.

_____. Theoretical and empirical basis of Transpersonal Psychology and Psychotherapy. Observations from LSD Research, em Journal of Transpersonal Psychology, vol.5, nº 1, 1973.

_____. & HALIFAX, J. The Human Encounter With Death. New York, Dutton, 1978.

GROF, S. Realms of Human Unconscious and LSD Psychotherapy. New York, Viking Press, 1975.

_____. Psychologie Transpersonelle. Monaco, du Rocher, 1984.

_____. Beyond the Brain. Albany, State University of New York Press, 1985.

HALL, A. J. Jung e a Interpretação dos Sonhos — Manual de Teoria e Prática. São Paulo, Cultrix, 1985.

HAMBURGER, W.E. O Que É Física. São Paulo, Brasiliense, 1984.

HARMAN, W. Psicologia Existencial-Humanista. Rio de Janeiro, Zahar, 1975.

HEISEMBERG, W. Física e Filosofia. Brasília, Universidade de Brasília, 1981.

HERMÓGENES, J. III Congresso Nacional de Parapsicologia e Psicotrônica. Tese apresentada, Rio de Janeiro, Rio Sheraton Hotel, julho de 1982.

HOFFMAN, B. Terapia Hoffman da Quaternidade. Campinas, Papirus, 1982.

HOLZER, H. O Lado Psíquico dos Sonhos. Rio de Janeiro, Record, 1976.

HOSSRI, M.C. Prática do Treinamento Autógeno e LSD. São Paulo, Martini Claret, 1984.

HUXLEY, A. As Portas da Percepção e Céu e Inferno. Rio de Janeiro, Globo, 1984.

JESIG, J. A Sofrologia. Rio de Janeiro, Record, 1983.

KARLINS, M. & ANDREWS, M.L. Biofeedback. New York, Lippincott, 1972.

KASAKATSU, A. & HIRAI, I. An electroencephalographic study on the Zen Meditation (Zazen), em TART, Ch. Altered States of Consciousness. New York, 1969.

KEEN, S. A Síntese de Roberto Assagioli, em Psychology Today. Dezembro, 1974.

KLÜBER-ROSS, E. Sobre a Morte e o Morrer. Rio de Janeiro, Record, 1969.

LE SHAN, L. Físicos e místicos: semelhanças na visão do Mundo, em WEIL, P. Pequeno Tratado de Psicologia Transpessoal. Mística Ciência. São Paulo, Vozes, vol.II, 1978.

LEVY, J. Transpersonal Psychology and Jung Psychology, em Journal of Humanistic Psychology, vol. 23, nº 2, 1983.

LILLY, J. The Center of the Cyclone. New York, Julian Press, 1983.

LIRA, A. Parapsicologia, Psiquiatria, Religião. São Paulo, Pensamento, 1968.

MARGENAN, H. & LE SHAN, L. Einstein's Space and Van Gogh's Sky. New York, 1983.

MASLOW, H.A. Introdução à Psicologia do Ser. Rio de Janeiro, Eldorado, 1978.

MATTON, M.A. El Análisis Junguiano de los Sonhos. Buenos Aires, Paidos, 1980.

METZNER, R. Maps of Consciousness. New York, Collier Books, 1971.

MINTZ, E. The Psychic Thread. New York, Human Sciences Press, INC, 1983.

_____. Therapeutic pathways toward the Transpersonal, em The Psychic Thread, Human Sciences Press, INC, New York, capítulo 9, 1983.

_____. Mysticism and madness, em The Psychic Thread, New York, Human Sciences Press, INC, capítulo 8, 1983.

NARANJO, C. The One Quest. New York, Viking, 1972.

_____. Palestras, UNICAMP 04.11.1984.

_____. Workshop. Meditação e Experiências Transpessoais Grupais. Campinas, de 19 a 24 de novembro de 1984 (apostilas e entrevistas).

OLIEVENSTEIN, C. A Droga. São Paulo, Brasiliense, 1980.

ORNSTEIN, E.R. The Psychology of Consciousness. U.S.A., Peguin Books, 1972.

OUSPENSKY, P. Psicologia da Evolução Possível ao Homem. São Paulo, Cultrix, 1981.

_____. Fragmentos de um Ensinamento Desconhecido. São Paulo, Cultrix, 1978.

PEARLS, F. S. Gestalt — Terapia Explicada. São Paulo, Summus, 1977.

PENFIELD, W. The Mystery of the Mind. Princeton, Princeton University Press, 1975.

PEREIRA, M.A.C. O Que É Contracultura. São Paulo, Brasiliense, 1983.

PLANK, W.H. & RICHARDS, J.A. Implication of LSD and experimental mysticism, em The Journal of Transpersonal Psychology, vol. 1, nº 2, 1969.

PRIBAN, K. The brain, em VILLOLDO, A. & DYCHTWALD, K. (orgs.) Millenium. Glimpses into the 21st Century. Los Angeles, J.P. Tarcher, 1981.

_____. The holographic hypotesis of brain function: a meeting of minds, em Ancient Wisdom Modern Science. Albany, SUNY Press, 1984.

_____. Priban's paradoxe: how does the brain know?, em Brain Mind Bulletin, California, 04.07.1977.

RAMACHÁRACA, I. As Doutrinas Esotéricas das Filosofias e Religiões da Índia. São Paulo, Pensamento, 1978.

RING, K. Perspectivas em Psicologia, na realidade e no estudo da consciência, em WEIL, P. (org.) Pequeno Tratado de Psicologia Transpessoal. Vol. I — Cartografia da Consciência. São Paulo, Vozes, 1978.

SCHEMBERG, M. Pensando a Física. São Paulo, Brasiliense, 1984.

SIMONTON, O.C. Getting Well Again. New York, Bantan Books, 1980.

STAUDE, R.J. The Adult Development of C.J. Jung. London, Routledge & Kegan Paul, 1981.

STEVENS, O.J. Tornar-se Presente. São Paulo, Summus, 1971.

SUTICH, A.J. Some basic considerations regarding Transpersonal Psychology, em Journal of Transpersonal Psychology, I (1), 1969.

_____. Transpersonal therapy, em The Journal of Transpersonal Psychology, vol. 5, nº 1, 1973.

_____. Association for Transpersonal Psychology, em The Journal of Transpersonal Psychology, vol.4, nº 1, 1972.

TART, C.H. Altered States of Consciousness, capítulo 10 — The "High" dream: a new state of consciousness, New York, Wiley, 1969.

TEKULSKY, M & LYNN, A. Holografia retratos do laser que se movem. Ciência Ilustrada.

TULKU, T.R. No Caminho do Autoconhecimento — Budismo Tibetano. São Paulo, Novos Umbrais, 1982.

ULLMAN, M. & ZIMMERMAN, N. O Mistério dos Sonhos. Rio de Janeiro, Record, 1985.

VAUGHAN, F. & WALSH, N.R. Comparative models: of the person and Psychotherapy, em BOORSTEIN, S. Transpersonal Psychotherapy. California, Palo Alto, Science and Behavior Books, 1980.

VAUGHAN, F. & WALSH, N.R. Beyond Ego. Los Angeles, J.P. Tarcher, 1980.

WEIDE, N.T. Varietes of Transpersonal therapy, in Journal of Transpersonal Psychology, vol. 5, nº 1, 1973.

WEIL, P. A Revolução Silenciosa. São Paulo, Pensamento, 1982.

_____. Dez Anos de Psicologia Transpessoal no Mundo, Realizações e Perspectivas. IV Congresso Internacional de Psicologia Transpessoal U.F.M.G., Bulletin, 1978.

_____. Análise de Conteúdo de Relatos Obtidos em Estado de Consciência Cósmica. Belo Horizonte, U.F.M.G., 1(2):55-82, 1977.

WEIL, P. Fronteiras da Evolução e da Morte. Rio de Janeiro, Vozes, 1979.

WHITMONT, C.E. The symbolic quest, basic concepts of Analytical Psychology. New Jersey, Princeton University Press, 1979.

WILBER, K. The Spectrum of Consciousness. U.S.A., a Quest Book, 1977.

————. No Boundary. Los Angeles, Center Press, 1979 (new edition: Shambhala, 1981).

————. The Atman Project. Wheaton, Quest, 1980.

————. Up From Eden. New York, Doubleday/Anchor, 1981.

WILLIAMS, K.S. Junguian — Senoi Dream-Work Manual. Berkeley, Jourvey Press, 1980.

PSICOLOGIA DO AJUSTAMENTO

Sawrey e *Telford*

Os indivíduos normais e superiores, assim como as seqüências e processos de desenvolvimento que culminam na maturidade psicológica, na integração superior e no ajustamento, constituem hoje um dos campos de estudo preferenciais da psicologia teórica e aplicada. Abordando cientificamente toda a gama da experiência e do comportamento humano, cuidam os "higienistas mentais" de relacionar tal conhecimento científico com a consecução de metas reputadas valiosas tanto em nível pessoal quanto social. Neste livro, dentro de um quadro amplo e orgânico e à luz da teoria da aprendizagem, são sistematizados os conceitos e enfoques básicos do desenvolvimento e funcionamento psicológico normais, do ajustamento sadio da personalidade e das técnicas psicoterápicas para a recuperação da saúde mental.

EDITORA CULTRIX

O TAO DA FÍSICA
Um Paralelo Entre a Física Moderna
e o Misticismo Oriental

Fritjof Capra

Este livro analisa as semelhanças — notadas recentemente, mas ainda não discutidas em toda a sua profundidade — entre os conceitos fundamentais subjacentes à física moderna e as idéias básicas do misticismo oriental. Com base em gráficos e em fotografias, o autor explica de maneira concisa as teorias da física atômica e subatômica, a teoria da relatividade e a astrofísica, de modo a incluir as mais recentes pesquisas, e relata a visão de um mundo que emerge dessas teorias para as tradições místicas do Hinduísmo, do Budismo, do Taoísmo, do Zen e do I Ching.

O autor, que é pesquisador e conferencista experiente, tem o dom notável de explicar os conceitos da física em linguagem acessível aos leigos. Ele transporta o leitor, numa viagem fascinante, ao mundo dos átomos e de seus componentes, obrigando-o quase a se interessar pelo que está lendo. De seu texto, surge o quadro do mundo material não como uma máquina composta de uma infinidade de objetos, mas como um todo harmonioso e "orgânico", cujas partes são determinadas pelas suas correlações. O universo físico moderno, bem como a mística oriental, estão envolvidos numa contínua dança cósmica, formando um sistema de componentes inseparáveis, correlacionados e em constante movimento, do qual o observador é parte integrante. Tal sistema reflete a realidade do mundo da percepção sensorial, que envolve espaços de dimensões mais elevadas e transcende a linguagem corrente e o raciocínio lógico.

Desde que obteve seu doutorado em física, na Universidade de Viena, em 1966, Fritjof Capra vem realizando pesquisas teóricas sobre física de alta energia em várias Universidades, como as de Paris, Califórnia, Santa Cruz, Stanford, e no Imperial College, de Londres. Além de seus escritos sobre pesquisa técnica, escreveu vários artigos sobre as relações da física moderna com o misticismo oriental e realizou inúmeras palestras sobre o assunto, na Inglaterra e nos Estados Unidos. Atualmente, leciona na Universidade da Califórnia em Berkeley.

A presente edição vem acrescida de um novo capítulo do autor sobre a física subatômica, em reforço às idéias por ele defendidas neste livro.

EDITORA CULTRIX

HISTÓRIA DA
PSICOLOGIA MODERNA

C. James Goodwin

**Descubra a influência do passado na
psicologia que conhecemos hoje**

Com a *História da Psicologia Moderna*, de Goodwin, o leitor ficará conhecendo as figuras fascinantes que contribuíram para criar essa disciplina e dar-lhe a forma pela qual a conhecemos atualmente. Além disso, desenvolverá uma compreensão mais profunda das inter-relações que existem entre as suas diferentes áreas. Este livro não só relata a vida e as contribuições dos pioneiros da psicologia, mas também apresenta excertos de seus escritos originais, ao lado de comentários informativos do autor.

Esta *História da Psicologia Moderna*, contém extensa cobertura dos avanços históricos da psicologia, além de várias novas referências. Ao longo da sua leitura, o leitor conhecerá os pioneiros mais famosos da psicologia: Watson, James, Titchener, Freud, Skinner e muitos outros.

Cada uma das escolas do pensamento psicológico — o estruturalismo, o funcionalismo, o behaviorismo, a psicologia da Gestalt, a psicanálise e as correntes atuais — é estudada dentro do seu contexto histórico, que inclui não só o espírito intelectual da época, como também os fatores econômicos, políticos e sociais que a influenciavam. Essa perspectiva histórica permite ao estudioso acompanhar um padrão e perceber uma continuidade de desenvolvimento no campo da psicologia.

Destinado fundamentalmente, mas não só, aos estudantes dos cursos de psicologia nas várias áreas do ensino superior, este livro expõe com a máxima clareza e consciência o seu conteúdo, apresentando-o de uma forma interessante e sistemática, capaz de motivar o leitor para o estudo da psicologia moderna.

EDITORA CULTRIX

JUNG E A INTERPRETAÇÃO DOS SONHOS

James A. Hall

Os sonhos, chamados, por alguns, de língua esquecida de Deus e, por outros, de mensagens do demônio, durante muito tempo foram considerados bons ou maus presságios do futuro. A crença moderna, porém, de que estão diretamente relacionados com a psicologia de cada um, e com as atitudes e padrões de comportamento de quem sonha, deve-se ao trabalho pioneiro do psiquiatra suíço C. G. Jung, que introduziu a idéia de que nos sonhos o inconsciente emerge de uma forma muito clara.

Este é um guia prático e abrangente para a compreensão dos sonhos com base nos princípios da Análise Psicológica de Jung. Aqui, o modelo da psique segundo Jung é discutido de forma concisa, com muitos exemplos clínicos de sonhos e do modo como eles podem ser interpretados em seu contexto.

Atenção particular é dada aos temas comuns e repetidos nos sonhos (quedas, perseguições, casas, carros, mortes, mágoas, casamentos, o fim do mundo, os símbolos sexuais etc.), Aos sonhos traumatizantes, à função intencional e compensatória dos sonhos, aos sonhos que prognosticam doenças ou mudanças físicas e ao modo como os sonhos estão relacionados com a etapa da vida e com o processo de individuação de quem sonha.

O autor, dr. James A. Hall, estudou na Universidade do Texas e no Instituto C. G. Jung, de Zurique. Atualmente, é psiquiatra e analista junguiano em Dallas, onde é professor clínico associado de psiquiatria na Medical School de Southwestern.

EDITORA CULTRIX

A BUSCA DO SÍMBOLO

Edward C. Whitmont

Neste livro, Edward C. Whitmont explora as descobertas revolucionárias de C. G. Jung sobre o homem como uma criatura apegada aos símbolos. O tema principal do livro, diz o autor, "é a procura pela experiência simbólica, uma procura que tem urgência e significado para o nosso tempo e que encontra sua expressão mais útil e abrangente na disciplina da psicologia analítica".

"Este é um livro de grande importância. Seu objetivo – uma pesquisa sistemática da teoria e prática da psicologia analítica conforme foi desenvolvida por Jung – não é apenas amplamente atingido, mas ultrapassa outros relatos em dimensão, clareza e pensamento original. De fácil leitura, é de extremo interesse tanto para profissionais como para leigos pela sua relevância atual devido às inquietações da nossa época, tanto individuais como coletivas. O livro abre novas fronteiras com grande autoridade... um trabalho notável, claramente bem realizado."
Peter C. Lynn, Diretor de Estudos do Centro de Treinamento C. G. Jung.

"Sem deturpar as idéias de Jung para além da compreensão, e raramente abrigando-se no misticismo, usado pelos críticos de Jung como um termo depreciativo, Whitmont obtém sucesso naquilo que só pode ser chamado de um ato de interpretação criativa... O leitor obtém o que nunca esteve disponível nesta forma anteriormente, uma demonstração clara e lúcida do posicionamento junguiano de que a vida tem um padrão de totalidade que só pode ser compreendido simbolicamente neste momento da história."
Los Angeles Times

"Sensitivo, fascinante... O capítulo final é uma declaração realmente magnífica da idéia de integração de Jung."
Alan Watts

O Dr. Edward C. Whitmont, analista praticante, recebeu seu diploma de medicina na Universidade de Viena e se aprimorou em psicologia analítica nos Estados Unidos e na Europa. É membro da cúpula do Centro de Treinamento C. G. Jung e do Instituto da Fundação C. G. Jung de Nova York.

EDITORA CULTRIX

PSICOLOGIA DA EVOLUÇÃO POSSÍVEL AO HOMEM

Ouspensky

PSICOLOGIA DA EVOLUÇÃO POSSÍVEL AO HOMEM abrange o texto das conferências psicológicas de Ouspensky, lidas a partir de 1934 para todos os grupos novos, de cerca de quarenta pessoas, formados para estudar o "sistema". "Porque o 'sistema' não pode ser aprendido pelos livros", Ouspensky não as escreveu para publicação, mas para dar às pessoas recém-chegadas idéia da direção do seu trabalho, iniciado com a publicação, em 1912, de *TERTIUM ORGANUM* e prosseguindo, de 1915 a 1918, com Gurdjieff em Moscou, São Petersburgo e Essentuki. Gurdjieff expressou a substância do seu trabalho em três livros sob o título geral de *ALL AND EVERYTHING* (DO TODO E DE TODAS AS COISAS). O relato de Ouspensky se encontra sob o título de *FRAGMENTS OF AN UNKNOWN TEACHING* (FRAGMENTOS DE UM ENSINAMENTO DESCONHECIDO), que só foi publicado depois da sua morte com o nome de *IN SEARCH OF THE MIRACULOUS* (EM BUSCA DO MILAGROSO). Com o dom de redigir com clareza, Ouspensky torna acessíveis numa forma moderna, a qualquer leitor sério, os sistemas tradicionais de psicologia e cosmologia. Nas derradeiras poucas páginas (375-389) dessa obra descreve o seu afastamento, em 1918, de Gurdjieff e como se sentiu capaz de continuar o "trabalho", fazendo conferências sobre o "sistema" para pequenos grupos em Ekaterinodar e Rostov em 1919; em Constantinopla em 1920, em Londres de 1921 a 1941 e em Nova Iorque de 1941 a 1946. Para estes últimos grupos escreveu, em 1945, uma introdução à PSICOLOGIA DA EVOLUÇÃO POSSÍVEL AO HOMEM a fim de alertá-los para o fato de que estamos realmente ouvindo coisas novas.

EDITORA PENSAMENTO